Für meine Mutter Maria Böhringer
und meine Zwillingsschwester Monika Sütterlin

Inhalt

Einleitung (1999-1499-1523)

Heute ist der 29. Januar 1999. Eine kleine silberne Sichel steht am Himmel. Es wäre längst Zeit gewesen, mein Bett im kleinen Gasthof aufzusuchen.

Wie kommt es, daß ich nicht müde bin? Es ist, als ob mich der volle Mond riefe. Dabei ist er doch noch so klein. Gerade einmal zwei Tage ist er alt. Dieser kann nur flüstern und sagen: Warte, alles hat Zeit, du wirst noch früh genug erfahren...

Ach, was erfuhr ich denn schon von dem Mädchen, das vor genau fünfhundert Jahren in Lippendorf geboren wurde? Sie war noch nicht einmal abgestillt, als ihre Mutter starb und sie mit zwei Brüdern zurückließ. Mit sechs Jahren wurde sie von ihrem Vater in die Klosterschule nach Brehna gebracht.

Ich dachte, das müssen ja grausame Eltern sein, die ihre Kinder so früh aus dem Haus geben. Um so mehr überraschte es mich zu lesen, daß dies früher üblich war. Die Eltern liebten ihre Kinder, doch ab dem siebten Lebensjahr mußten sie selbständig sein und für sich sorgen können. Die Kinder machten sich nützlich, und die Eltern dachten darüber nach, welches Handwerk die Jungen mit zwölf oder vierzehn Jahren ausüben sollten und wie die Mädchen dann zu verheiraten seien. Die einzige Alternative zur Ehe war für Mädchen das ehrbare Klosterleben. Gerade der verarmte Adel schickte gerne die Töchter in die Klöster, denn es war eine große Ehre, der Kirche zu dienen. Auch Katharinas Vater, der einmal einem angesehenen Rittergeschlecht angehörte, war verarmt und vertraute deshalb seine Tochter den Nonnen an.

So trafen sich auch im Zisterzienserkloster Marienthron in Nimbsch leibliche Schwestern, Cousinen und Tanten... Alle kamen aus dem Adel, dem kurfürstlichen und herzoglichen Sachsen. Die Mädchen erhielten eine vorzügliche Bildung für den Preis, ihre Familien zu verlieren, und hatten keinerlei Anspruch, ein Erbe anzutreten oder eine gute Heirat zu machen.

Ich höre mich in die Zeit hinein und wundere mich, daß ich vieles nicht verstehe. Warum heißen so oft Eltern, Kinder und deren Tanten und Onkel gleich? Und wie könnte ich damit den Lesern zumuten, daß sich drei Frauen unterhalten, die alle Margarete heißen, oder vier Männer mit Namen Hans am Tisch sitzen? Jeder aufgeklärte Mensch würde sagen: wo bleibt das Individuum?

Wirklich aufgeklärt bin ich aber erst, seit ich weiß, wie hoch die Todesrate bei Eltern und Kindern zu der Zeit war. So war es wichtig, den ersten Jungen nach dem Vater, die erste Tochter nach der Mutter zu nennen. Ebenso wurden die Kinder nach ihren Taufpaten – meist Tante und Onkel – benannt. Taufpaten waren nicht nur für das geistige Wohl, sondern im Todesfall der Eltern für die Ernährung und Erziehung zuständig.

So hatte z. B. der bekannte Maler Albrecht Dürer, der auch zur Zeit Katharinas und Martin Luthers lebte, siebzehn Geschwister, von denen jedoch nur drei Brüder das Jugendalter überlebten. Einer davon trug zum vierten Mal den Namen des Vaters, weil drei Namensbrüder vor ihm starben.

Welche Zeit war das damals? Eine Zeit, die uns fremd ist und doch nahegeht. Die Menschen dieser Zeit bereiteten uns mit ihrem gütigen Glauben und ihrem mutigen Handeln den Weg.

Katharina von Bora, geboren vor fünfhundert Jahren, wird Pestepidemien erleben, aber sie wird auch als eine der ersten die Alternative zum Richtergott kennenlernen. Sie wird erleben, wie Gottes Liebe sich im Alltag zeigt, und wird sich eines Tages nicht mehr durch lateinische Gesänge in aller Frühe und durch schmerzliche Bußübungen des Erbarmens Gottes versichern müssen.

Viele Mönche legten vor ihr die Kutte ab. Allen voran ging Martin Luther, der öffentlich die Mißstände der damaligen katholischen Kirche anprangerte. Er war kein Philosoph, kein Organisator – und gerade deshalb wurde sein Leben zur lebendigen Botschaft.

Katharina von Bora wird diese Botschaft und das Bett mit ihm teilen. Sie gehören zu den ersten, die auf fast alle Sakramente verzichten und doch Gottes Willen so ernst nehmen wie die Heiligen zuvor. Sie wird die erste Pfarrfrau sein. Eine Lutherin.

Dieser Frau bin ich auf der Spur. Sie, die gerne strenger dargestellt wird, als sie war, weil sie es verstand zu wirtschaften, zu befehlen und guten Gewissens ihren Mann auch manchmal erst gar nicht zu fragen.

Ich weiß noch zu wenig von der Frau. Deshalb werde ich Katharina von Bora auch in dieser Nacht auf der Spur bleiben und noch zum ehemaligen Zisterzienserkloster nach Nimbsch gehen. Ich werde mir die Landschaft und die Reste des Klosters Marienthron anschauen. – Natürlich nur von weitem, denn im Dunkeln soll keine Frau in alten Mauern herumlaufen. – Ich werde also das Kloster von weit weg und außen betrachten, in dem Katharina vierzehn Jahre lang als Nonne nur hinter Mauern lebte und nie einen Fuß davorsetzte, bis sie vierundzwanzigjährig daraus floh.

Heute nacht werde ich allein darauf lauschen, was mir der Wind aus der Zeit erzählt. Ich mache mich auf, gehe immer näher und sehe schon von weitem die Überreste der Mauern.

Von einem Hügel aus betrachte ich die stille Landschaft. Aber von einer Minute zur andern weht ein kräftiger Wind und zerrt an meiner Jacke. Ich traue meinen Augen nicht: Um die Ruinen wachsen Gärten, rechts ein Eichenhain, und zur Linken entwikkelt sich ein noch kahler Buchenwald. Darüber steht ein voller Mond. Ein voller Mond? Das kann nicht sein! Ich schaue wieder zu der Stelle, wo das Kloster lag, doch ich sehe keine Ruine mehr. Die Mauern stehen dicht, und ich erkenne im Mondschein die Umrisse des Klosters, wie es einst war. Und dann höre ich deutlich Stimmen...

Die Flucht aus Marienthron (April 1523)

Das eiserne Tor zum Obstbaumgarten öffnete sich langsam. Eine, nein zwei Frauen huschten heraus und drängten sich in den Schatten der Mauer. Sie machten nur den Anfang, denn das Tor wurde noch mehrmals zögernd geöffnet. Eine Gestalt nach der andern löste sich aus dem Schutz des Mauerwerkes und rannte hinter eine Böschung. Von dort ging es nach kurzem Halt einen Hügel hinunter, der zu einem Hohlweg führte. Dort sammelten sie sich und wagten es, miteinander zu flüstern.

Jede hatte die Strecke allein zurückgelegt. Sie kannten den Plan, die Stunde und wußten, daß sie das Nordtor zu wählen hatten. Aber, daß diese Tür wirklich offen war, konnten sie noch nicht begreifen. So hatte die Gästemeisterin also auch ihre Hände mit im Spiel? Sie hatte die Aufsicht über die Schlüssel.

„Sind alle da?" Magdalena von Staupitz fragte leise und hielt die anderen Nonnen an. Sie waren noch nicht weit genug vom Zisterzienserkloster entfernt, um sich ohne Schutz zu sammeln. Deshalb zog sie zwei der Frauen an ihren Ärmeln hinter eine Weißdornhecke, und die anderen folgten ihnen.

„Margarete und Ave von Schönfeld? Ave Gosse? Veronika und Margarete von Zeschau?..."

Katharina lauschte der Stimme, die eine Schwester nach der anderen aufrief, und diese antworteten „Ja".

Als Katharina von Bora aufgerufen wurde, sagte sie: „Ja, ich bin hier." Und sie genoß es, mit ihrem vollen Namen angesprochen zu werden. Sie war am Leben, auch außerhalb der Mauern!

„Wo ist Magdalena von Bora?" fragte Magdalena von Staupitz weiter.

„Meine Tante hat nicht die Kraft, um heute mit uns zu fliehen. Die Fastenzeit hat sie zu sehr geschwächt, und sie wurde vom Fieber der Kranken, die sie pflegte, angesteckt. Aber", so berichtete Katharina weiter, „ich soll euch ausrichten, daß es nicht der Teufel sei, der sie zurückhielte, sondern ihr schwacher Körper." Und sie erinnerte sich auch noch voll Freude an die Worte, die ihre Tante für sie anschloß: ‚Ich komme nach, Katharina – und dann werde ich, außerhalb der Mauern, deine Tante Lene sein.'

Gut zwanzig Minuten Fußweg entfernt stand ein Pferdefuhrwerk am Waldrand verborgen. Die zwei Braunen waren unruhig, und so sprach der Ratsherr und Lutherfreund Leonard Koppe aus Torgau beruhigend auf sie ein. Koppe war es gewohnt, ein Fuhrwerk zu lenken, denn er beförderte täglich Handelsware in die umliegenden Städte, Burgen und Klöster. Auch wenn es eine ungewöhnliche Zeit war, zu der sie unterwegs waren – das Pferdegespann war bekannt, und er hatte sich eine Handvoll Ausreden ausgedacht, falls sie angehalten würden. Außerdem würde niemand unter der Plane in Säcken und Heringsfässern Nonnen vermuten, die er im Namen seines Freundes und um des neuen Evangeliums willen entführte.

Sein jüngerer Helfer war nervös: „Es sind keine Heringe in den Fässern. Wenn sie uns erwischen, hängen wir mit den schönen Nonnen. Wir haben uns auf ein schlechtes Geschäft eingelassen!"

„Gewiß steht auf die Entführung der Nonnen die Todesstrafe. Aber Gott selbst wird uns schützen!" Und frohgemut setzte Koppe noch, jede Silbe betonend, hinzu: „Heute werde ich die wertvollste Fracht befördern: das lebendige deutsche Wort Gottes." Und wie an einen furchtlosen Mann gewandt, sprach er zu Wolf Domnitsch weiter: „Heute ist die Nacht zum Ostermorgen hin. Heute ist die Nacht der Frauen, und wir sind einzig im Namen von Doktor Martinus da, um die Bräute Gottes zu holen, damit sie teilhaben am wahren Christenleben. Sie werden nicht die Bräuche pflegen, sondern nach Gottes Wort handeln." Koppe verstand es, seinen Gefährten an ihren Auftrag zu erinnern, und er freute sich über die kommende „Handelsware".

Wolf Domnitsch hob seinen rechten Arm, um anzudeuten, daß Koppe schweigen solle. Und dann hörte er es auch: Ab und zu knackten Zweige, leises Gemurmel wurde immer deutlicher, und zwischendurch vernahmen sie lateinische Gebetsfetzen. „Bei allen Heiligen, so einen Lärm veranstaltet keine Herde Säue!" Domnitsch schüttelte den Kopf. Koppe machte sich bereit. Er zündete eine Laterne an, damit die Nonnen auf dem Wagen für die lange Fahrt einen Platz finden konnten.

Die Frauen kamen langsam näher und drängten sich dann abseits zusammen, da sie nicht wissen konnten, ob es das richtige Gefährt war. Als jedoch Wolf ihnen entgegenging und sich als ihr Helfer zu erkennen gab, löste sich Magdalena von Staupitz aus der Gruppe. Sie war die Älteste und Anführerin. Sie sprach mit Wolf und redete dann beruhigend auf die Frauen ein.

Wolf half einer nach der andern auf den Wagen. Alle trugen die gleichen schwarzen Umhänge und langen Schleier über weißen Kleidern. Sie waren aufgeregt und hilflos.

Veronika von Zeschau hatte die größte Angst. Sie ließ sich nicht davon abhalten, ins leere Heringsfaß zu steigen, damit sie verborgen bliebe. Ihre Schwester tat es ihr nach. Es war gut, daß zwei die unwirtlichen Plätze eingenommen hatten. Denn der Platz unter der groben Plane wurde knapp.

Katharina ließ die andern vorangehen. Es wurde eng auf dem Wagen, und so wurde beratschlagt, wo sie unterkommen solle. „Warum nicht hier?" Katharina zeigte auf den Kutschbock. „Eine Nonne zwischen zwei Männern? Liebe Frau, wollt Ihr uns gleich ins Feuer schicken?" Koppe schüttelte den Kopf. Aber Wolf wollte Katharinas Vorhaben unterstützen, hielt dazu schon eine Pferdedecke bereit und wickelte Katharina so ordentlich hinein, daß gerade noch ihr Gesicht hervorschaute. So war auch Koppe einverstanden, und die drei nahmen auf dem Kutschbock Platz. „Einen schöneren Auferstehungstag kann es nicht geben, als Mädchen und Frauen aus dicken Mauern zu holen. Seid ihr alle bereit zur Fahrt?“ fragte Koppe, ehe er leise mit Zunge und Gaumen den Pferden das Zeichen zum Aufbruch gab.

Als sie eine Weile gefahren waren, fragte Wolf die Nonne an seiner Seite: „Warum habt Ihr so lange gewartet und wollt lieber auf dem Kutschbock sitzen?“ Und da erzählte Katharina: „Als ich ein Kind war, nahm mich mein Vater immer mit, wenn er eine Reise machen mußte. Ich durfte immer neben ihm sitzen, weil es meiner Mutter gefallen hat, auch selber zu kutschieren.

Außerdem wurde ich auf dem Kutschbock ins Kloster gefahren – warum sollte ich nicht genauso wieder wegfahren?“

Wolf fühlte ihre zwei ruhigen Mandelaugen auf sich und sah auf ihren Mund, der geschlossen war und doch durch die hochgezogenen Mundwinkel aussah, als ob er lächelte. Und da fiel ihm ein, daß er diese Frau mit „Ihr“ angesprochen hatte, unwillkürlich hatte er die Anrede der Achtung gewählt. Dabei mochten sie doch gleichen Alters sein.

Katharina sah vor sich die mächtigen Hintern der Kaltblüter, langsam wurden ihre Seiten naß vor Schweiß. Sie wurde hin und her geschaukelt, und die knarrenden Räder trugen sie in die Vergangenheit zurück. Sie erinnerte sich an die letzte Fahrt. Ihr Vater brachte sie mit sechs Jahren in die Klosterschule. Danach sah sie ihn nie mehr. Nur die Todesnachricht wurde ihr in das Kloster gebracht; die Äbtissin hatte sie in den Arm genommen, damit sie sich ausweinen konnte.

Die Decke um ihren Kopf wollte festgehalten werden, und sie war froh, an etwas anderes zu denken.

Doch in der Stille des anbrechenden Morgens wurde ihr immer klarer, daß die beiden Gäule von Gott geschickt waren.

Diese trugen sie in die Welt zurück, ihre Flanken dampften, der Sabber tropfte ihnen von den Nüstern, und doch stapften sie unermüdlich über den weichen, schweren Boden. ‚Sie ziehen heute morgen den Stein von meinem Grab, sie lassen für mich Ostern anbrechen. Danke', dachte sie immer wieder, ‚danke, das hat noch niemand für mich getan, danke, mein liebster Herrgott.'

Der Nebel hing in den Senken und gab den Blick zum Himmel frei. Am Wegrand tauchten immer wieder Schafherden auf, zu denen auch kleine Lämmer gehörten. Auf den Feldern war der Dinkel schon handhoch aufgesprossen; dazwischen standen Akelei, und an einigen Stellen hatten die niedrigen Ackerstiefmütterchen dunkle Flecken gebildet.

Koppe hatte zwischenzeitlich die Zügel Domnitsch überlassen, um sich auszuruhen. Doch statt ein kurzes Schläfchen zu halten, schüttelte er immer wieder den Kopf. „Was ist, was haben Sie?" fragte Katharina.

„Meine alte treue Magd, Marthe Schäferin, sollte Kleider für euch besorgen. Sie tat auch erst, wie ihr meine Frau aufgetragen hatte, und es waren genug beieinander. Aber dann ist der Teufel in das Weib gefahren: Am Karfreitag schleppte sie die Bündel zum Hochaltar der frommen, treuen Franziskanerbrüder und bat diese, die Lumpen zu verbrennen und ihr die Schuld zu erlassen. Sie war es, die unseren Plänen fast ein Ende gesetzt hat. Wir mußten sie einsperren, damit sie nicht von der Flucht erzählte. Nun müssen wir in aller Eile wieder Kleider besorgen. Ich weiß nicht, ob das meine Frau in so kurzer Zeit erreichen konnte. Deshalb könnt ihr wohl erst in ein, zwei Tagen nach Wittenberg weiterreisen."

Katharina hatte nie daran gedacht, ihre Kutte abzulegen. Aber er hatte ja recht! „Herr Koppe, Ihr macht Euch viel Mühe um uns und bringt euch in große Gefahr. Habt Dank! Ohne Eure Unterstützung wären wir außerhalb der Mauern hilflos gewesen. Mir war nicht bewußt, wieviel Freunde das neue Evangelium hat!"

Und dann sah Katharina zwischen dem hügeligen Land Torgau, die auf einem Porphyrfelsen erbaute Stadt. Koppe ergriff wieder die Zügel und lenkte das Gespann durch das Tor zur Abendseite. Er achtete darauf, seinen Wagen möglichst unauffällig in die Stadt zu bringen. Und er freute sich, weil sie die Fahrt ohne Zwischenfälle so gut geschafft hatten: So konnten sie noch gemeinsam den Ostermorgengottesdienst besuchen. Dazu wollte er sie geleiten. Noch eine Biegung, und dann ging es in ein Gehöft, das ein richtiges Warenlager eines Händlers war.

„Brrrrr!" Dies war das Zeichen für Tier und Mensch. Der Wagen hielt. Katharina wickelte sich aus ihrer Decke und sah fröhlich nach den Mitschwestern. Doch diese hatten alle keine bequemen Plätze eingenommen und mußten so erst ihre steifen Glieder bewegen und den Dreck aus den Kleidern klopfen. Für Veronika und Margarete wurden die Heringstonnen vorsichtig umgekippt, damit sie herauskriechen konnten. „Wir haben die Tonnen vorher im Fluß ausgewaschen, aber ein Bett ist daraus nicht geworden", scherzte Wolf, als er den beiden heraushalf.

Und wie sie vom Wagen stiegen, erschien auch eine Gestalt nach der andern aus Koppes Haus. Voran die Frau des Ratsherrn Koppe, die sichtlich erleichtert ihren Mann nach der Fahrt befragte, ein Stallbursche und Mägde, und dann kam noch ein dürrer Mann – auf einem Auge blind –, der ihnen den Segen gab. Es war Gabriel Zwilling, Prediger und Anhänger Luthers. Er zeigte sich einverstanden, die Frauen auf Nebenstraßen und durch die Nonnengasse in die St.-Marien-Kirche zu geleiten. Dort sollten die Schützlinge, in einer Nebenhalle verborgen, dem Gottesdienst beiwohnen.

Frau Koppe hatte nach den Nonnen gesehen. Nach der Fastenzeit und der ungewissen Fahrt wirkten sie alle erschöpft. Die verwirrten Mädchen und Frauen rührten ihr Herz. „Erst bedürfen sie eines Getränks, und gebt ihnen noch eine Handvoll Zeit." Und zu Koppe gewandt fuhr sie fort: „Gewiß könnt ihr euch in der Nebenhalle verbergen, aber ich glaube nicht, daß diese jemals so nach Heringen stank." Und sie wies mit der Hand auf Veronika und Margarete von Zeschau. Aber Gabriel Zwilling befand, daß die Nichten des Mitkämpfers Zeschau nicht fehlen dürften.

Katharina war zu den Pferden getreten und legte jedem der Gäule eine Hand ans weiche Maul. „Gott segne euch, ohne euch wäre das Werk nicht gelungen."

Gabriel Zwilling war ein wortgewaltiger Mann, und so stand er an diesem Ostermorgen auf der Kanzel, um Jesu Sieg zu verkünden. Er gab sich Mühe, nicht in den Nebenraum und auf die Nonnen zu zeigen und zu sagen: Seht den Sieg Christi! So legte er seine Freude in die Predigt: „Die wahre Kirche ruht im Wort Gottes, wer dieses Wort in sein Herz einläßt und danach handelt, der wird einmal im Himmel sein. Aber nicht nur nach dem Leben sieht er die Herrlichkeit Gottes, nein täglich sehen wir die Wunder Gottes. Heute am Auferstehungstag des Herrn sind es neun Nonnen. Ich meine neun Wunder." Zwilling merkte, daß er sich versprochen hatte. Also mußte er sich für die Predigt neun Wunder ausdenken. Er fuhr fort: „Neun Wunder, sagte ich! Zuerst ist der Tod überwunden, und damit meine ich den Tod, wie er von Rom verkündet wird. Denn die Bauwerke nützen nichts, die von Ablaßgeldern erbaut werden und die zum Himmel aufragen. Die Seele – liebe Leute, hört! – läßt sich nur im Blute Jesu und nicht von Geldern reinwaschen. Es nützt auch nichts, Gebete nur so dahinzuplappern und ohne Scham zu meinen, man hätte genug getan. Nein, der Mensch selber wird neu und verwandelt mit Christus, und dann können uns Hölle und Teufel nicht mehr schaden..."

Die neun Nonnen konnten Zwilling zwar nicht sehen, aber sie hörten seine Stimme von jedem Stein der Kirche widerhallen. Und die Art zu sprechen war ihnen so neu, wie ihnen der Orient gewesen wäre, wenn sie dahin reisen würden. Eines jedoch wußten sie: das Wort Gottes war das deutsche geschriebene Evangelium, das vom ehemaligen Mönch und Onkel der Zeschauschwestern heimlich ins Kloster gelangte. Unter der Kutte wurde es weitergereicht, und es hatte sie getroffen wie der Anblick eines nackten Findelkindes und öffnete ihnen das Herz.

Magdalena von Staupitz fühlte sich matt und war dankbar, sich in den Gedanken Zwillings ausruhen zu können. Veronika und Margarete von Zeschau stellten sich vor, daß es die Stimme ihres Onkels war, die sie hörten. Margarete von Schönfeld betrachtete den Innenraum, die Säulen und Fenster. Gerne wäre sie vor den Altar getreten und hätte sich alles genau angesehen. Ihre jüngere Schwester Ave hingegen kniete die ganze Zeit, dabei glühte ihr Gesicht vor Freude. Katharina lauschte der Predigt, aber sie fühlte sich zu schwach, auch alles zu verstehen. Und so wünschte sie sich, sie hätte bei den Pferden bleiben können, bis sie schliefe, und diese würden sie auch im Schlaf weitertragen. Ihr fehlte die warme Pferdedecke; auch Katharina kniete auf dem kalten Stein. Sie war plötzlich unendlich müde und traurig, ihr war, als ob sie sich unter den Stein legen müßte. Aber da war die Botschaft Zwillings vom Auferstehungsmorgen. Und sie selbst hatte doch in der Frühe gewußt, daß ihr Stein vom Grab gerollt wurde.

Lonata von Golis bemerkte Katharinas Unruhe und legte ihr sacht die Hand auf das Knie. „Ach, Lonata, ich würde jetzt am liebsten weinen, und kenne doch nicht den Grund dazu.“ Sie hatte, während sie sprach, nach Lonatas Hand gefaßt und legte sie an ihre Wange. So saßen sie eine Weile.

Elsa von Canitz war erstaunt, als sie sah, wie die beiden während der Predigt miteinander sprachen. Aber sie sah auch den neuen Frieden auf den Gesichtern ihrer Schwestern, und so würde es wohl gut gewesen sein. „Hier ist niemand, der rügt, heute ist Ostern.“

Am Nachmittag, nach einem ausgiebigen Mittagsmahl, begann für die Frauen ein unvergeßliches Fest. Sie wurden in einen großen Baderaum gebracht, es war eingeheizt, und ein großer Haufen Kleider, Mäntel, Hauben, Unterhosen, ja selbst Mieder und pelzbesetzte Hemden lagen bereit. Nicht nur Katharina hätte nach dem Bad am liebsten ihr vertrautes Gewand wieder angezogen. Ave Gosse war übel vor Aufregung, sie hatte noch nie weltliche Kleidung getragen. Doch es führte kein Weg daran vorbei, neue Kleider zu wählen, wenn sie nicht nackt bleiben wollten.

Die Mägde lachten über die Unkenntnis der Nonnen, denn diese hatten noch nie eine Haube gebunden oder ein Mieder genestelt. Margarete von Schönfeld war wohl die einzige, die zielstrebig nach bunten Stoffen und einem gut sitzenden Dekolleté Ausschau hielt. Frohgemut ließ sie sich einschnüren und ermunterte die anderen, sich ebenfalls auf ihre edle Herkunft zu besinnen, denn graues Tuch sei für die Bauern bestimmt.

Bald sollte besprochen werden, was Luther erreicht hatte, welche Frauen zu ihren Familien zurückkonnten und wo die anderen unterkamen. Die Frauen überlegten, wie sie sich kleiden sollten. Veronika und Margarete von Zeschau hatten immer noch nicht ihre Angst überwunden und wollten am liebsten noch einige Wochen im Haus verborgen bleiben. Katharina wunderte dies, weil ihr Onkel es war, der heimlich die Schriften Luthers ins Kloster bringen ließ. Mit seinem Herzblut hatte sich der Mann für sie eingesetzt, und gewiß war schon Vorsorge für sie getroffen worden. Nun vertrauten die beiden am wenigsten auf Gottes Hilfe. „Wer die Hand an den Pflug legt und sieht zurück, ist nicht geschickt zum Reich Gottes.“ So steht es doch geschrieben.

Und sie wählte weiche Stoffe, einen weiten Rock und trug ihr erstes Mieder unter einem hellen Hemd, das mit zwei Bändern am Hals genestelt wurde.

Anfang in Wittenberg (1523-1525)

Mit den neuen Kleidern begann ein neues Leben. Als sie am nächsten Tag nach Wittenberg weiterreisten, mußten sie sich nicht mehr verstecken. Katharina sah mit flinken Augen um sich und lachte über ihre Mitschwestern, die nun nicht mehr ihre Mitschwestern waren. Sie selbst wurde ausgelacht, weil sie immer wieder ihre Hände in die Kutte stecken wollte, aber die weiten Ärmel waren verschwunden, und so versuchte sie vergeblich, ihre Hände darin zu wärmen.

In den Gärten von Wittenberg leuchteten die Schneeglöckchen, und unter den Bäumen hatten sich gelbe Winterlinge ausgesät. Diese kannte Katharina vom Kloster her. Aber was war das Himmelblaue da? „Leberblümchen", wußte Magdalena von Staupitz. Und das Gelbe am Ufer der Elbe seien keine Winterlinge, sondern Huflattich. „Später streckt er seine breiten Blätter über die Erde, gleich der Pestwurz im Mai. Der Huflattich hat schon viele vom Husten kuriert." ‚Die Haselnußbäume möchte ich berühren', dachte Katharina. ‚Bald werden die Samenfinger gelb sein vom Staub; und unter den grünen Weiden wollt' ich gehen und Gott danken.' Im Kloster standen diese Büsche außerhalb der Mauern und waren dadurch nicht zu erreichen.

Die Nonnen wurden zum Schwarzen Kloster in Wittenberg gebracht. In diesem lebten schon länger keine Augustinermönche mehr. Der Konvent hatte sich aufgelöst; übriggeblieben waren Martin Luther und sein Diener Wolf. Das Kloster war unwirtlicher als Marienthron. Aber es sollte ja nur eine kurze Rast werden, da die Frauen verteilt werden sollten. Doktor Martinus hatte sich abgemüht, für die Frauen einen Mann, Verwandte oder eine andere Unterkunft zu finden. So warteten dort Frau Reichenbach und das angesehene Ehepaar Lucas und Barbara Cranach auf sie. Und nicht zu vergessen: Doktor Martinus war da. Ein kräftiger Mann in einer alten Mönchskutte. Seine Augen waren zwei dunkle Sterne, die zuweilen lustig und dann wieder gefährlich aufblitzten. ‚Das ist also der Mann, der die Heilige Schrift so niederschrieb, daß es möglich war, mit diesem Gott tatsächlich über Mauern zu springen', dachte Katharina.

Dann hieß es Abschied nehmen. Magdalena von Staupitz konnte zu ihrem Bruder nach Motterwitz bei Leising. Lonata von Golis, die eine atemberaubende Schönheit war, ging zu ihrer Schwester nach Colditz, um dort einen Pfarrer zu heiraten. Die beiden Zeschauschwestern wurden ihrem Onkel anbefohlen. Ave Gosse aus Kursachsen tat sich mit ihrem Bruder, der kurz zuvor aus dem Benediktinerkloster in Chemnitz entflohen war, zusammen, und sie wohnten bei den Brüdern auf dem väterlichen Gut zu Trebsen. Dies war ein berühmter Wallfahrtsort. Auch Elsa von Canitz ging dorthin. Da sie aber eine ausgezeichnete Lehrerin war, wurde sie von Luther bald wieder nach Wittenberg gerufen, um Mädchen zu unterrichten.

Für die Schwestern Margarete und Ave von Schönfeld ließ sich keine Bleibe finden, und so sollten beide im Hause Cranach wohnen, bis sie einen Mann gefunden hätten.

Für Katharina hatte sich auch keine dauerhafte Unterkunft finden lassen, und so wurde sie dem Haushalt Reichenbachs in der Bürgermeistergasse zugeteilt. Dort sollte sie bis zu ihrer Ehe das Haushalten lernen. Denn keine der gebildeten Frauen konnte sich auf die Wissenschaft werfen oder ein Handwerk erlernen, wie es die entlaufenen Mönche taten. „Ein Weibsbild ist nicht geschaffen, Jungfrau zu sein, sondern Kinder zu tragen." So sagte Doktor Martinus, und es würden sich mit Gottes Hilfe Mittel und Wege finden. „Und nun wollen wir Gott danken", sagte der grob wirkende Mann und faltete die Hände. Die andern taten es ihm nach. Und er sprach leiser als sonst, doch voller Wärme: „Gott, ich lobe dich für die gelungene Errettung der Jungfrauen, und ich danke dir für Ursula von Münsterberg, die sich so fleißig für die Befreiung und Fürsorge der Nonnen einsetzt. Begleite du das Leben der Frauen und Mädchen, daß sie Dienerinnen der wahren Kirche sind, vor denen alle Teufel fliehen müssen. Amen."

Katharina war sprachlos, wie jemand mitten im Kommen und Gehen laut beten konnte! Und das Gebet hatte er doch eben erst dazu entworfen. Sie schlug das Kreuz, sie konnte nicht anders.

Von nun an erwachte sie an jedem Tag voller Neugierde auf das, was kommen sollte. Sie brauchte nicht mehr stundenlang in stillem Gebet zu verbringen, sondern betete, während sie sich anzog, betete still, während des Morgenmahls und fühlte sich Gott um so näher, wenn sie ihn über der Arbeit und den vielen Fragen ganz vergaß und ihr am Abend nur noch das Dankgebet über die Lippen kam. Sie erlernte das Backen und Bierbrauen, das Schlachten und Füttern, das Waschen und Kinderhüten. Sie erkundigte sich beim Kellermeister nach dem Wein, redete mit den Ackerknechten, sah der Käsemutter über die Schultern und besprach mit Frau Reichenbach die Lagerhaltung und Buchführung. Denn all dieses war innerhalb eines Haushalts Frauensache. Und darauf, so wußte Katharina, würde sie sich auch verstehen. Obwohl sie nicht für den Tagesablauf zuständig war, sah sie doch schon bald, was getan werden mußte und ob die Arbeit gut verrichtet wurde.

Darüber hinaus wollte sie mehr erfahren über die Fortschritte des Evangeliums und über die Furcht vor den Türken. Deshalb verstand sie sich darauf, bei Besuchen zu bewirten oder mit einer Stickarbeit dabeizusitzen und zu lauschen. Doch jedesmal vergaß sie ihre selbstauferlegte Bescheidenheit und unterbrach die Gespräche mit Fragen und Bemerkungen.

Sie hatte sich angewöhnt, stets ein Tuch um den Kopf zu tragen, sachliche Fragen zu stellen und aufrecht zu gehen. Sie konnte sich nicht benehmen wie eine Magd oder ein junges Mädchen. Da sie nicht die Hausherrin war, konnte sie jedoch auch nicht ausführen, was sie für richtig hielt. Aber sie beobachtete um so genauer, notierte in ihrem Gedächtnis Rezepte, machte sich Gedanken über das Benehmen von Frauen und Männern und war davon überzeugt, daß Gott im Herzen wohnt und somit alles gut ist, was andern zum Leben und zur Freude hilft. Und das war die neue Botschaft für sie: nicht in der Selbstbestrafung oder der Versenkung Gott nahe zu sein, sondern im Handeln Gottes Gegenwart zu spüren. Trotz allem sang sie oft die alten lateinischen Anbetungslieder. „Dies ist bei mir angeboren", sagte Katharina, wenn sie darauf angesprochen wurde. „Die Vögel zwitschern doch auch, und die Bienen summen bei ihrer Arbeit."

Es dauerte nur wenige Wochen, bis sie nicht mehr Katharina von Bora genannt wurde, sondern „edles Fräulein" oder „heilige Katharina von Siena". Dies war leicht spöttisch gemeint, weil sie oft überlegen handelte und sich vornehm gebärdete.

An einem Nachmittag bat Frau Reichenbach Katharina: „Liebe Katharina, gehe zu dem schrägen Acker vor der Stadt und bringe ein großes Tuch Hopfen mit. Es ist mir lieb, wenn du die neue Magd mitnimmst, damit sie die Wege kennenlernt."

Das war ein Arbeitsauftrag, wie ihn Katharina liebte. Hinaus in die Felder und die Arme voller Hopfen und Läuse. Da gab es dann wieder ordentliches Bier, und das wollte sie selber brauen.

Katharina suchte die Magd. Sie rief in die Keller und erkundigte sich in den Ställen. Sie sei im Keller, hieß es. Katharina wurde fündig. So ist es mit Mägden und Knechten: wenn man sie braucht, sind sie oft unsichtbar und taub.

„Ja, edles Fräulein, ich gehe gerne mit ihnen zu den schrägen Äckern." Katharina glaubte dem Mädchen, daß es gerne mitging, denn sie mußten dazu durch die Stadt, und da gab es immer viel zu sehen.

Unterwegs fragte Katharina die junge Magd: „Weißt du etwas über das Leben der heiligen Katharina von Siena?“ Die Magd wunderte sich, weil das edle Fräulein, das ja einmal eine Nonne war, sich nicht mit den Heiligen auskannte. Und so erzählte sie: Vor zweihundert Jahren habe sie gelebt und schon als junges Mädchen alles auf sich genommen, um ein gottgefälliges Leben zu führen. Als in Siena die Pest wütete, floh sie nicht wie die anderen, sondern pflegte die Kranken und Sterbenden. Sie trug als Zeichen ihrer Heiligkeit die Wundmale an ihren Händen. Und sie bat die Päpste der tiefgespaltenen Kirche, sich zu versöhnen. Als sie mit dreiunddreißig Jahren starb, sprach sie die Kreuzesworte „Es ist vollbracht“.

Als Katharina die Geschichte hörte, sagte sie: „Also, ich verstehe nicht, wie man mich mit dieser Frau vergleichen kann. Ich sah noch keinen Pestkranken und warf mich nicht in die Streitigkeiten der Kirche. Ich wünschte mir aber doch von Kindesbeinen an, Gott zu ehren. So soll nun diese Katharina, auch wenn man über mich spottet, mein Vorbild sein.“ Sie gingen weiter, und als sie am schrägen Acker anlangten, fiel der Magd ein, daß sie doch in der Stadt Ausschau halten wollte. Sie hatte es ganz vergessen. Als ob das edle Fräulein sie mit ihrer Frage verhext und von dummen Gedanken abgehalten habe.

Ave von Schönfeld, die nur ein paar Häuser weiter wohnte, wurde Katharinas Freundin. Es war ein Glück für beide, daß sie so dicht beieinander wohnten und Reichenbachs, Cranachs und Luther so viele Gäste hatten. Wie Kuriere konnten die Freundinnen zwischen den Häusern ein- und ausgehen. Sie lernten bedeutende Persönlichkeiten kennen und wußten über politische Dinge Bescheid. Sagte der Volksmund: „Neugierig wie eine Nonne“, so verband die beiden mehr als nur Wissensdurst. Sie bildeten sich eine eigene Meinung und begannen zielstrebig, das in die Tat umzusetzen, was ihnen wichtig erschien.

Doch schon wenige Wochen nach der Ankunft in Wittenberg hatte Ave nur noch ein Thema, dem sie sich voller Hingabe widmete: Basilius – Basilius, der Arzt und Apotheker im Hause Cranachs. Seine Arbeit, seine Hände, und wie er es verstünde, mit ihr zu scherzen! Und daß, wenn... dann nur er! Ave erweckte in ihrem Feuer den Eindruck, alle Menschen, denen sie begegnete, bis in Ewigkeit zu lieben. Sie ließ ihre Haare wie ein Feuer vom Kopf fließen und bewegte sich so sacht wie ein Reh. Wenn ihr die Männer unschickliche Dinge sagten, rügte sie diese nicht, sondern pflegte zu lachen, so daß sich die Schandmäuler noch als gute Unterhalter verstanden. Doch wenn... dann nur er! Und er wollte, und ob er wollte!

Katharina staunte, wie schnell aus einer liebenswerten Nonne und Freundin eine glückliche Apothekersfrau wurde. „Wenn ich hätte heiraten wollen, hätte ich Ave genommen", sagte Dr. Martinus am Tag ihrer Hochzeit. So wunderbar war Ave. Katharina erzählte ihrer Freundin, was sie mitgehört hatte. „Aber ich hätte ‚nein, nein, nein' gesagt!" rief Ave laut und voller Inbrunst. Katharina sagte warnend: „Sag es aber nicht Doktor Martinus, sonst verbrennt er gar noch aus Wut die falschen Bücher."

Ave war nun glücklich und versah ihren eigenen Haushalt. Damit war auch Platz für eine andere Frau im Haushalt von Cranachs. Und diesen nahm Katharina ein. Die Hausfrau Barbara Cranach hatte ihre Freude an Katharina, weil sie Dinge erfragen konnte, über die sonst niemand nachdachte. Katharina lernte von Frau Cranach, wie sie für die Arbeiter, Maler und Gesellen kochte. Denn in ihrem Haus war nicht nur die Malerwerkstatt ihres Mannes mit seinen Helfern untergebracht, sondern zusätzlich noch eine Buchdruckerei. Ebenso die Wittenberger Apotheke, in welcher Aves Mann, der Arzt Basilius, die Leitung hatte. Auch waren gut dreißig Bedienstete in der großen Tischlerwerkstatt tätig; Bauleute und Maler, die Türen hobelten und Wände kalkten.

Könige, Grafen und Gelehrte kamen, um sich porträtieren zu lassen. Frau Cranach empfing sie und sprach mit ihnen. In diesem Haus konnten die Frauen ebenbürtig mit zu Tisch sitzen, da die Mägde bedienten.

‚Es gibt viele Welten', dachte Katharina. ‚Und das eigene Leben hängt davon ab, welchen Mann eine Frau hat.'

An einem späten Nachmittag war Katharina in Cranachs Atelier und studierte ein Gemälde Cranachs. Das Bild zeigte eine Menschengruppe, die sich auf ein Marterrad und Märtyrerfeuer zubewegte. Erst gehen die Männer aufrecht und zu Pferd, doch dann sinken sie nieder, um sich in den Tod zu schicken. Katharina schaute sich das Bild an, weil ihr Ave und Frau Cranach in den Ohren lagen, sie solle sich mehr Gedanken um Kleidung machen. Die Männer auf dem Bild trugen hochaktuelle gestreifte Beinlinge und Hemden mit weiten, gestickten Ärmeln. Zwei treue Pferde waren mit auf dem Bild; als ob sie mit in den Martertod schritten, beugte sich eins mit seinem Herrn. Inmitten der knienden Schar, wie eine Augenweide, fiel Licht auf eine schöne Frau in einem roten weiten Samtkleid, wie sie es noch nie sah. Das Dekolleté ließ die Schultern frei, um den Hals hingen zwei prächtige, goldene Ketten. Zu ihrer Linken kniete ebenfalls ein Mönch, der die Gesichtszüge von Doktor Martinus trug. Auch die anderen Gesichter kannte sie teilweise. Sie war erstaunt, denn das Bild hatte den Titel: „Katharina von Alexandria, gest. um 308, Märtyrerin".

Eine Katharina! Wieder eine Katharina! Sie erzählte Frau Barbara von ihrer Entdeckung. Und dann fragte sie: „Wie kann es sein, daß diese Katharina solche Kleider trug – zu der Zeit?" Frau Cranach war erst still, doch dann lachte sie laut los. „Mein Mann zieht denen, die verehrt werden sollen, die schönsten Kleider an und adelt sie mit Köpfen von Freunden und Herren." Katharina fragte verblüfft: „So könnte es angehen, daß Katharina von Alexandria gar nicht so schön war und vielleicht nur Lumpen besaß, ja daß ihr diese auch noch vom Leib gerissen wurden, ehe sie verbrannte?"

Am gleichen Tag war auch Luther zu Besuch, und Frau Cranach sagte zu ihm: „Könnt Ihr Katharina sagen, was die heilige Katharina von Alexandria auf dem Scheiterhaufen trug?" Und sie fügte hinzu: „Es ist wichtig, denn unsere Katharina entdeckt Katharinas."

Luther schmunzelte, doch dann bemerkte er den verletzten Stolz Katharinas. „Ich weiß genausowenig, was sie trug – aber ich kann noch heute eine neue Katharina von unserer Katharina von Bora grüßen." Und an Katharina gewandt fuhr er fort: „Ich schreibe einen Brief an meinen Freund Matthias Zell, er ist der erste Reformator in Straßburg. Er wird nun die gottesfürchtige und grundgescheite Katharina Schütz heiraten. Sie ist mutig wie ein Held, und man nennt sie schon jetzt den ‚Engel von Straßburg.' Soll ich grüßen? Von Katharina zu Katharina?"

„Ja, grüßt von mir, ich werde für sie beten."

Barbara Cranach sagte später zu ihr: „Ich dachte, Ihr macht Euch endlich Gedanken, wie Ihr Euch so edel kleiden könnt, wie es Eurer Herkunft entspricht. Aber nun habt Ihr nur einen neuen Grund zum Beten gefunden."

Nun war Katharina an der Reihe zu lachen. „Es geht mir so gut, liebe Barbara! Und wenn ich mich mit Dr. Martinus vergleiche, der immer noch in der abgeschabtesten Mönchskutte herumläuft, die ich je gesehen habe, so sieht man mir doch schon einen guten, bürgerlichen Stand an. Wenn er noch die Mönchskutte trägt und fastet aus Rücksicht auf Schwache, so kann ich doch auch diese geborgte Kleidung tragen, weil ich es nicht gewohnt bin, mich darum zu sorgen."

„Ich werde sehen, was ich für Euch tun kann", sagte Frau Cranach, wie schon so oft. Und sie besorgte feines Tuch für ihre beiden liebsten Schützlinge.

Es war einer der Abende, zu denen Cranachs geladen hatten. Es ging über Papst und Kirche, denn Luther war wieder zugegen. Katharina kam kaum nach mit Biereinschenken; die Herren hatten zu jeder Jahreszeit reichlich Durst. Luther hatte schon Melanchthon zum Heiraten überredet. Heute bekam Spalatin sein Fett weg. Luther wählte sanfte Worte, und doch gab er ihm zu verstehen, daß er ein Unmensch wäre, wenn er keine Bedürfnisse hätte. Luther redete mit ihm und sprach dabei doch wie üblich zu jedem im Raum: „Die Ehe ist am höchsten zu preisen. Denn wer heiratet, übernimmt Verantwortung für die gottgegebene menschliche Natur. Er sorgt für Frau und Kinder. Wem es gelingt, auch seine Kinder in den Himmel zu ziehen, der hat die besten Werke vollbracht. Oh, das ist ein seliges Haus, eine selige Ehe, die rechte Kirche, ein auserwähltes Kloster, ja ein Paradies!“

Luther nahm noch einen guten Schluck. Es war das erste Bier, das Katharina gebraut hatte und richtig gut schmeckte und stark war.

„Ei, ei, wie schön du sprichst“, erwiderte Spalatin gelassen. „Wie steht es denn mit deinem Vorbild, lieber Martinus?“

Luther holte weit aus: „Als ich noch Student war, war die Zeit ein einziges Huren und Saufen. Und im Kloster war die Anfechtung gar bitter. Oh ja, drei Frauen habe ich wohl so stark geliebt, daß sie einen andern vorzogen. Aber wie könnt' ich mir jetzt eine Frau nehmen, wo ich doch täglich auf dem Scheiterhaufen brennen könnt'?“

Katharina hörte nicht mehr richtig hin. Das war jetzt wohl eines der üblichen Männergeschwätze, bei denen Wahrheit und Dichtung stark zusammenfielen. Sie stand abseits, den Bierkrug in beiden Händen. Doch dann wurde es plötzlich laut und Doktor Martinus rief erregt: „Ich bleibe dabei: Das Kloster ist eine Hölle, drinnen ist der Teufel Abt und Prior, die Mönche und Nonnen sind die verdammten Seelen!“

Ehe er wutfunkelnd geendet hatte, knallte Katharina den Krug auf den Tisch und rannte hinaus.

Sie hatte sich im Kloster nicht wie in einem Hurenhaus verhalten, auch wenn es in anderen Klöstern so gewesen sein mußte! Sie wollte sich nicht ihre einzige Heimat, die sie hatte, schlechtmachen lassen! Vor Wut traten ihr die Tränen in die Augen. Und sie wußte nicht, wohin sie gehen sollte in ihrer Einsamkeit. Aber da war schon Barbara zur Stelle. Und zum erstenmal sprach jemand Katharina mit den Worten an: „Mein Kind“ – „Mein Kind, ich erzähle Euch jetzt über unseren Doktor Martinus, daß Ihr seinen Haß verstehen könnt und daß Ihr Euch nicht so kränken laßt. Er spricht nicht gegen ein aufrichtiges Herz, das sich für ein Klosterleben entscheidet, sondern gegen den keuschen Anstrich, den sich Mönche geben, um dann zu verantwortungslosen Hurenböcken zu werden. Er selbst hat Gott im Kloster hassen gelernt, weil er ihm nie durch die geforderten Werke gerecht werden konnte. Nur dagegen wendet er sich: daß Gottesdienst aus Angst geschieht und nicht aus Freude und Vertrauen. Und er redet nicht nur so daher. Er hat öffentlich angeprangert. Er wurde als Ketzer ausgerufen und hat den Scheiterhaufen vor Augen. Trotzdem hat er nicht widerrufen! Vergeßt das nicht, Katharina, wenn Ihr wieder meint, er redet so grob wie ein Bauer daher. Ich weiß, daß Ihr manchmal so denkt, auch über die Fürsten, die hier einkehren. Am liebsten wolltet Ihr sie in die Schule schikken.“ Und sie fügte seufzend hinzu: „Das würden viele Frauen gerne: die Männer in eine Schule schicken. Das gelingt keiner Frau, aber der dümmste Mann darf sich zum Lehrmeister seiner Frau erheben. Und nun grämt Euch nicht, Katharina, denn hier geht es nicht um Euch.“

Katharina wurde immer klarer, daß es bei allem um Religion und Politik ging. Sie wurde nie gefragt, dabei war sie ebenso von allem betroffen.

Aves Hochzeit war noch nicht lange her, und die Bemühungen der Frauen, Katharina wenigstens ein kleines Dekolleté aufzuschwatzen, hatten noch nicht gefruchtet, weil, wie sie sagte, sie das Gefühl habe, dann abgelenkt zu sein – da kam von ganz anderer Seite Hilfe. Die Hilfe war ein liebevoller Mann, und er hieß Hieronymus Baumgärtner. Er war Gast im Hause Cranachs und begleitete Katharina bald auf Schritt und Tritt. Er liebte ihren Widerspruch bei Tisch und ihre Hände im Brotteig. Er sagte ihr, daß er am liebsten mit ihr studiert hätte und sie zu Recht mit „edlem Fräulein" und „Heilige Katharina von Siena" angesprochen würde. Er verfolgte Katharina in die Kirche und in den Garten. Und er jagte Katharina mit gerafftem Rock und heißem Gesicht über die Flure und die Treppen hinauf, bis sie ganz und gar eingefangen war und sich freiwillig mit ihm zu treffen versprach.

Sie versicherten einander ihre Liebe, und Hieronymus versprach ihr, wiederzukommen und sie als seine Frau zu sich zu nehmen. Er müßte nur wieder nach Nürnberg und seine Eltern um Erlaubnis fragen, und das sei nicht einfach, weil sie andere Pläne mit ihm hätten und eine entlaufene Nonne, dazu noch ohne Vermögen, eine Schande für sie darstelle.

Hieronymus schüttelte in Erinnerung an die Eltern den Kopf. Dann legte er seine Finger unter Katharinas Kinn, damit sie ihn ansah. „Ich weiß aber, daß es diese entlaufene Nonne ist, die mich glücklich macht und mit der ich durch Gott und im Leben verbunden sein will", sagte er mit fester Stimme, und Katharina wußte, daß sie den gleichen Wunsch hatte.

Mit der Abreise von Hieronymus veränderte sich Katharina. Jeden Tag machte sie sich schön, sah zwischendurch in den Spiegel, um ihre eigene Freude zu sehen, und war bereit, ihn stündlich zu empfangen. Wenn sie Unkraut ausriß, scherzte er mit ihr über diese Gewalttaten; wenn sie sich ärgerte, konnte er sie zur Ruhe bringen, und wenn sie in der Kirche saß, konnte sie den Blick heben und traf den seinen, und beide wußten, daß es gut war. Im blauen Himmel erkannte sie sein Lachen, und wenn sie an seine Liebkosungen dachte, wurde sie zu einem Weizenfeld, in das der Wind seine Wellen blies.

So verging Woche um Woche. Der Winter kam, aber kein Hieronymus. Der Frühling kam, doch mit ihm nicht einmal eine Nachricht von Nürnberg nach Wittenberg. Dieser Frühling war keiner. Nur Ave und Frau Cranach spürten, wie sehr Katharina zu leiden begann, und sie fanden keine Worte. Als auch der Sommer ohne Nachricht blieb, wurde Luther ungeduldig, denn wenn Baumgärtner Katharina nicht heiraten würde, müßte Ersatz gefunden werden. Also schrieb er an Baumgärtner, mahnte ihn zu reagieren, denn Katharina liebe ihn noch, und wenn er nicht wolle, würde sich bald ein anderer finden.

„Doktor Martinus Luther will mit euch sprechen." Diesmal wurde Katharina von einer Magd gesucht.

Katharina traf Luther in der Druckerei, denn er besah sich schon das neue Flugblatt, weswegen Cranach ihn herkommen ließ. Die Augen auf die frischen Druckseiten gerichtet, sagte Luther: „Mir liegt ein Brief von Hieronymus Baumgärtner vor. Er hat von seinem Versprechen, Euch zu ehelichen, Abstand genommen." Und er fügte ohne aufzusehen hinzu: „Ihr kennt doch Dr. Kaspar Glatz, er hat jetzt die Pfarrstelle in Oralmünde übernommen. Der möchte Euch zur Frau nehmen."

„Den Glatz! Den Glatzen nehme ich nicht!" brauste Katharina auf. Oh ja, sie kannte ihn: Er war steif, geizig und häßlich. Doch Luther wollte nicht mit ihr verhandeln. Er hatte sich bereits wieder seinem Freund Cranach zugewandt, und sie lobten sich gegenseitig über die gelungene Schrift.

In ihrer Not ging Katharina zum Pfarrer und Freund Luthers, Nikolaus von Amsdorff, und klagte ihm, Luther wolle sie gegen ihren Willen, wo sie weder Lust noch Liebe spüre, mit dem alten Glatzen vermählen. „Dafür, daß mich ein Mann enttäuscht hat, muß ich noch lange nicht wie eine ungewollt Schwangere behandelt werden und einen Mann von geringem Ansehen und schlechtem Charakter heiraten!"

Amsdorff machte Luther Vorwürfe. Denn der alte Glatz sei

auch in seinen Augen keine Freude für eine Frau wie Katharina. Und er sagte ihm weiter, daß er Katharina fragte, ob sie denn überhaupt heiraten wolle. „Und was, meinst du, hat sie darauf geantwortet?“ fragte Amsdorff Luther.

„Was weiß ich, was dieses edle Fräulein darauf sagte! Vielleicht ginge sie lieber wieder ins Kloster. Ihre Bemerkungen sind trotzig.“

„Gefehlt, lieber Martinus. Weit gefehlt. Sie war nicht trotzig. Sie hat gewählt! So wahr ich hier stehe, sagte sie: ‚Lieber würde ich den Dr. Martinus oder Euch selbst, den Herren Amsdorff, ehelichen.‘“

Luther schlug die Hände zusammen. „Soll sie doch auf einen andern warten!“

Bald verabschiedete er sich von seinem Freund, der nie heiratete. Doch für Luther sollte es ein Nachspiel geben.

Verlobung und Hochzeit (1525)

„Ave, sage mir, warum sich die Leute jetzt das Maul zerreißen. Bloß weil ich aus Überzeugung gesagt habe, ich fände es richtiger, Doktor Martinus zu ehelichen? Ist es denn etwa besser, unter Weibern und hinter den Rücken zu tratschen? Oder sollte ich über heilige Dinge laut lachen und mich brüsten, wie es die Männer bald Abend für Abend machen?"

Ave hatte Mitleid mit Katharina. Mit ihrer ehrlichen Art war sie dem Spott der Leute ausgesetzt. Gerade sie, der niemand wirklich etwas nachsagen konnte. „Katharina, auch mich hast du erstaunt, aber ich liebe dich deswegen um so mehr, weil du so mutig bist. Uns Frauen wird es angelastet, wenn nicht gleich ein Mann zur Hand ist oder wir nicht gleich ja und amen sagen. Ach, Katharina, ich weiß jetzt erst, welches Glück ich mit meinem Basilius hatte. Bei uns waren die erste Liebe und unsere Ehe aus einem Guß. Aber dir wird nun auch noch die Enttäuschung mit Hieronymus zum Vorwurf gemacht. Als ob du eine Hure wärst und nun nicht zu hoch greifen dürftest. Aber ich sehe dich mit anderen Augen. Glaube mir: Es steht dir gut an, einen Mann zu wählen, den du achten und lieben kannst. Denn dir war es immer wichtig, im Einklang mit Gottes Wort und deinen eigenen Wünschen zu leben."

Katharina konnte die Zuneigung Aves spüren. „Ich bin so froh, Ave, daß ich dich und Frau Cranach habe. Sonst fühlte ich mich so einsam, daß ich die Klostermauern vorziehen würde, denn da habe ich zwar wenig, aber ich werde nicht verdächtigt bei meiner Mühe, alles richtig zu machen."

Ave sah Katharina an und erwiderte: „Ich bin stolz auf dich, Katharina. Du tratschst nicht wie die anderen Frauen über deine

Pläne, und man sieht dir an, wie es dich ekelt, wenn sich die Männer bei Bier und Wein nicht genug loben können, was sie schon alles erlebten, welche Frau sie gerne hätten oder wie schlimm die Anfechtungen waren. Wer von uns Frauen traut sich denn, das auch zu zeigen? Du, Katharina, du! Deswegen nehmen die Menschen Abstand von dir, anstatt dich zu ehren."

Katharina hörte nichts von Luther, dafür jedoch um so mehr davon, was andere zu ihm sagten: „Nicht jene, sondern eine andere! Sie sei und bliebe eine entlaufene Nonne, die ihm den Kopf verdreht habe." Sie wußte, daß auch er sie für hochmütig hielt. Aber sie blieb bei dem, was sie gesagt hatte.

Frau Cranach erzählte Katharina, daß ihr Mann Lucas genug habe von dem Gerede. Er habe Luther extra aufgesucht und ihm gesagt, daß – bei aller Feindschaft, die sich nun um die beiden auftue – Katharina von Bora des Doktor Martinus würdig sei. „Übrigens", fügte sie hinzu: „Des Doktor Martinus Eltern haben auch Wind von der Sache bekommen. Und diese finden Euch stattlich und gesund, außerdem kennen sie Eure frohe Art bei der Arbeit und wären von Herzen froh, wenn Ihr Euch des Martinus annähmt und sie eine solche Schwiegertochter hätten."

Während sich andere ihre Mäuler zerrissen und Martinus nun um konkrete Heiratsfragen nicht mehr herumkam, war Katharina wieder ruhig geworden. So pflückte sie die ersten Maiglöckchen aus Cranachs Garten und setzte durch, das Kutschieren eines Pferdegespannes zu erlernen. Täglich suchte sie die Ställe auf, klopfte den Pferden auf den Hals, schleppte mit andern das Zaumzeug und vergaß alles um sich herum für die wenigen Minuten, in denen sie auf dem Kutschbock saß. Jedesmal ging sie hinterher zu den Gäulen, segnete sie und hielt ihnen auf der flachen Hand einen schrumpligen Apfel oder Dinkel hin.

Katharina lernte auch noch etwas ganz anderes: Sie hatte Elisabeth Cruciger kennengelernt. Diese war ebenfalls eine entlaufene Nonne und mit dem Magdeburger Pfarrer verheiratet. Durch Bugenhagen hatte sie zu Luthers Worten gefunden und war nun oft zu Gast. Sie war in ganz Sachsen die einzige Frau, die geistliche Lieder schrieb. Und ganz selbstverständlich wurden diese gesungen. Katharina sprach mit ihr, weil sie sich über deren Mut wunderte. Beide durften im Kloster nur gemeinsam und einstimmig singen, denn es galt als eitel, allein oder mehrstimmig zu singen. Und nun fand diese Frau Worte und Melodien. So wie auch Dr. Martinus sie fand, wenn er die Laute hervorholte und alle mitsangen. Wie fremd das erst klang! Und nun war es ihr, als ob Gott in den Liedern wohnte. Katharina liebte Elisabeth um dieses Reichtums willen und wartete sehnsüchtig darauf, Neues von ihr zu erfahren und in ihren Liedern das Leben zu spüren. Ihre Worte waren Sonnenstrahlen, die Katharinas Körper erwärmten. Elisabeth konnte sie auch ihre Gedanken mitteilen, und sie blieben aufrichtig wie klares Wasser, weil Elisabeth ihr nichts unterstellte und sie im Gegenteil ermutigte, ihrem Gewissen zu folgen, auch wenn Menschen anders urteilten. Immer wieder ermahnte sie Elisabeth: „Katharina, auch wir müssen Gottes Wort verkünden, denn wir verstehen viel von der Liebe und tun wenig zu unserem Vorteil. Wir sind es, die gelernt haben, ja zu sagen, so wie Gott zu den Menschen ja sagt. Bedingungslos und für immer. Er schämt sich nie unserer Schwächen, wie wir auch die Kinder in ihren Schwächen lieben. Wir haben noch mehr zum Wohl beizutragen, als es die Gelehrten tun. Wir brauchen nur aus unserem Leben zu erzählen. Wir müssen miteinander davon singen. Die Kinder sollen die Lieder an der Mutterbrust einsaugen. Aber noch mehr brauchen uns die Männer."

Martin Luther war es, der gleich weitererzählt hatte, daß Katharina ihn zum Mann nehmen wolle. Damals hatte er darüber gelacht und nicht gewußt, wie sich dieses Hirngespinst so schnell verbreitete.

Aber noch viel schlimmer war, daß dieses Frauenzimmer nun beständig vor seinen Augen war. Es ging nicht mehr darum, ob er heiraten wolle oder nicht. Es ging um diese praktische, gläubige Frau.

Und all die Worte, mit denen er andere zur Ehe aufforderte, kehrten sich nun gegen ihn. „Martinus", sprachen sie, „kein natürlicher Mann soll sich aus der Schlinge ziehen, daß er ohne Weib sei. Der Körper braucht es. Mehr als Essen, Trinken und Atmen. Nichts steht höher, als zu lieben und sich zu vermehren. Also, du alter Madensack, vereheliche dich endlich. Sei damit ein rechtes Vorbild. Eine Pfarrfrau sollst du lieben und damit den vielen Geistlichen, die Konkubinen haben, einen neuen Weg weisen. Es soll keine heimlichen Pfarrmetzen mehr geben, sondern Ehen, in denen beide einen gemeinsamen Glauben haben und beide ein Werk tun."

Im April reiste er zu seinen Eltern und trug ihnen vor, Katharina von Bora zu heiraten. Die Eltern freuten sich über seine Absicht zu heiraten, da ihnen das Mönchsein sehr widerstrebt hatte und ihr Sohn nun endlich bürgerlicher wurde.

Für Katharina und Martinus vollzog sich der Entschluß, ein Paar zu sein, so, wie es sich mit einem neuen Tag verhält: Wer kann genau sagen, wann die Nacht vorbei ist und der Morgen beginnt? Hängt nicht noch etwas Dunkelheit in den Räumen, wenn draußen schon die Sonne ihre Bahn zieht?

Katharina verhielt sich wie zuvor, aufrecht stand sie ihm gegenüber, wenn er kam, egal ob sie von der Arbeit schmutzig war oder mit anderen sprach. Sie sah ihm in die Augen und erwiderte mit fester Stimme seine Anrede. Sie hatte nichts zu verbergen. Sie wußte, was sie tat. Und sie genoß es zu spüren, daß ihn bisweilen eine helle Aufregung erfaßte, wenn sie zusammen waren. Sie kannte inzwischen seine Pläne und wartete ab. Sie hielt sich zurück, allein ins Schwarze Kloster zu gehen, denn die Leute würden reden. Und sie würde sich nicht nachsagen lassen, sie habe ihn eingefangen und es wie eine läufige Hündin getrieben.

An einem Nachmittag war Martinus wieder im Cranachschen Haus, er fragte nach dem edlen Fräulein Katharina und sagte vor allen andern zu ihr: „Wo wart Ihr gestern, Käthe, ich habe Euch vermißt. Ich bin heute den ganzen Tag im Schwarzen Kloster."

Käthe!, er nannte sie Käthe, und er habe sie vermißt! Katharina konnte sich nicht mehr konzentrieren. Wie konnten ihr diese schlichten Worte die Ruhe rauben? Doch mit seinen Worten hielten auch all die anderen Stimmen Einzug: Sie sei hochmütig, eine Heilige, eine Hurennonne, energisch und nicht die Richtige für Dr. Martinus. Ihr Herz klopfte und schickte alle Worte in die kleinsten Fasern ihres Körpers, und das tat weh und machte angst.

An diesem Abend ging sie zu Martinus ins Schwarze Kloster. Aber noch nie war der Weg so lang. Am liebsten hätte sie an jeder Mauer Rast gemacht. Sie hörte die Worte: „Ich habe Euch vermißt, Käthe." Und dies machte es ihr leicht und schwer zugleich.

Als Luther erfuhr, daß Katharina gekommen war, schickte er seinen Schreiber aus der Stube und befahl dem Diener Wolf an, Bier für sie beide zu bringen. Katharina war nun zum ersten Mal mit Doktor Martinus allein. Auch wenn sie schon hundertmal mit ihm allein in einem Raum gewesen war. Ihr schlotterten die Knie, und ihr Mund war trocken.

„Katharina", fing Luther an. Dann besann er sich, rückte zwei Stühle einander gegenüber, auf den einen drückte er Katharina, auf den anderen setzte er sich selbst. Dann begann er noch einmal: „Katharina, wir beide haben unsertwegen viel Spott ertragen. Ich möchte dem so schnell wie möglich ein Ende machen und rasch die Schandmäuler stopfen. Du sollst mein rechtmäßiges Eheweib sein. Wir werden wieder Spott ernten, weil wir wegen des drohenden Bauernkrieges eine Ehe eigentlich verschieben müßten. Doch das ertrage ich mit Freuden, wenn wir vor Gott, den Zeugen und den Lästermäulern unsere heilige Ehe beginnen."

Katharina war, während Martinus sprach, ein anderer Mensch geworden. Es waren die Worte „wir“ und „uns“, die sie veränderten. Gesprochen von schmalen Lippen und ohne jedes Lachen, steckten sie an, und seit der Stunde, so wußte sie später, waren sie ein Paar. Und bis zu ihrem Tod blieb sie diese Frau.

Als sie den Weg zurückging, war sie voller Ruhe und Glück. Sie hatte einen Mann getroffen, der sie ebenso brauchte wie sie ihn. Und sie würden eine heilige Ehe beginnen.

Am Dienstag, den 13. Juni, einem Tag, an dem üblich die Hochzeiten stattfanden, verlobte sich Martin Luther mit Katharina von Bora rechtskräftig. Die Zeugen waren: Justus Jonas, Johannes Bugenhagen, der ebenfalls mit einer Nonne verheiratete Jurist Johann Apel und das Ehepaar Cranach. Bugenhagen vollzog die Trauung. Anschließend legten sie sich vor Zeugen das erste Mal gemeinsam auf ihr Bett. Katharina hatte die Tage zuvor den faulen, nassen Strohsack weggeworfen, auf dem Luther geschlafen hatte, und nun lagen sie auf einem neuen, duftenden Sack, bezogen mit weißem Leinen, das Frau Cranach den beiden gestiftet hatte. Nach der ersten Nacht schloß sich tags darauf ein Essen für die Zeugen an, zu dem der Stadtrat sieben Kannen Frankenwein stiftete.

Von dem Tag an lobte Luther nicht nur die Ehe, nein, er lobte seine Käthe, die er um ganz Frankreich und Venedig dazu nicht mehr hergeben wollte. Sie befanden sich in den „Küssenwochen“. In der Zeit schlief das Paar auf einem Kissen, um die Liebe kennenzulernen. Dies alles war so neu und innig, daß alle Arbeit, die getan werden mußte, noch schneller von der Hand ging. Luther schickte Einladungen an seine Freunde, damit sie in vier Wochen zur Hochzeit kommen sollten. An das Ehepaar Koppe schrieb er, wie sonderbar es doch sei, auf dem Kissen, das immer leer war, nun, wenn er nachts von schweren Träumen erwachte, zwei Zöpfe zu finden. „Nicht nur, daß sie auf dem Kissen neben mir liegen, nein, sie hat mich in ihre Zöpfe geflochten, wo immer ich auch bin." Koppe ließ ausrichten, daß er zum Hochzeitstag nur zu gerne komme, um mit seiner entführten Nonne und seinem Freund Luther zu feiern.

Mit dem Brautstand gewöhnte sich Katharina an, morgens um vier Uhr aufzustehen. Wurde sie früher im Kloster zu der Zeit geweckt, weil Gebete verrichtet werden mußten, so war es nun der Haushalt des Schwarzen Klosters, der ihre Pflicht war. Selbstverständlich kümmerte sich nun Katharina um die Wirtschaft.

Es fehlte an allen Ecken und Enden. Die Mönche, die auszogen, hatten alles mitgenommen, was nicht angenagelt war, und selbst das hatte nicht immer geholfen. Der Ofen funktionierte nicht. Die Räume waren nicht zu heizen, keine Badestube war eingerichtet... Und so schaffte sie in den Zimmern, brachte die große, verlassene Küche in einen funktionierenden Zustand und grub noch zu so später Jahreszeit Setzlinge in den Garten. Dazu mußte sie erst noch Teile des Obstgartens umgraben. Das machte auch ihrem lieben Martinus Spaß, denn er fühlte sich dabei jung wie ein Bauer, der in Gottes Paradies arbeitete. In gut einem Monat sollten schon der öffentliche Kirchgang und die Einsegnung stattfinden! Und das Schwarze Kloster glich noch einer dumpfen Räuberhöhle, geschaffen für Mönche, darin zu fasten und zu erfrieren. Dabei wurde es mit Katharinas Kommen für Gäste eine Selbstverständlichkeit, bei ihnen Platz zu nehmen und um Quartier zu bitten.

Katharina arbeitete mit roten Wangen und kam kaum zur Ruhe. Doch ihre Gedanken waren Vögel, die zum Himmel stiegen. In ihr formten sich Melodien und Worte, sie dachte daran, was sie von Elisabeth Cruciger gelernt hatte, und so sang sie, für andere unhörbar, während der Arbeit ihr Brautlied:

Katharinas Brautlied

Nun tragen wir die Ringe
ach, liebe Seele, singe
bei Tag und auch bei Nacht
Gott hat es wohl geführet
das Herz in uns berühret
und alles, alles wohlbedacht

Wie waren unsre Ohren
einst taub – für Lieb verloren
und auch der Mund blieb stumm
Gott dachte an die Seinen
er hörte dieses Weinen
und drehte unsre Herzen um

Für immer will ich bleiben
und mich dir ganz verschreiben
wie du dich gibst mir hin
Leg mich an deine Seite
und wenn es sein muß, streite
mit mir und meinem Sinn

Nun tragen wir die Ringe
ach, liebe Seele, singe
bei Tag und auch bei Nacht
Und wie dies Gold hell glitzert
so alles an mir zwitschert
so stark, so lieb, so sacht

Spalatin, der beim Kurfürsten Johann war, erzählte diesem von Luthers Verlobung mit Katharina von Bora. Welch ein Glück, denn dieser schickte, so schnell es ging, 100 Gulden zum Wirtschaften und Einrichten.

Katharina war außer sich vor Freude. „Ich weiß schon, ich weiß schon, wofür wir das Geld auch brauchen."

Luther wunderte sich über Katharinas ungestüme Freude, wenn es ums Wirtschaften ging. „Ich weiß, meine liebe Hausfrau, du wirst uns ein wahres Hochzeitsfest bereiten."

„Das werde ich", sagte Katharina. „Aber ich werde auch eine Sau kaufen."

„So wird es wohl ein reichliches Festmahl geben", nickte der Doktor.

„Nein, dieses Schwein wird nicht gegessen!" sagte Katharina entsetzt. „Ich weiß, wo ich eine Muttersau herbekomme, so können wir selber Schweine züchten und verkaufen. Und im Winter werden wir nicht hungern, denn ich habe vor, eine Pension für Studenten hier einzurichten. Das Geld können wir nötig brauchen. Außerdem sind sie doch schon da, werden immer mehr und sperren die Mäuler auf."

Zum ersten Mal war Doktor Martinus nichts darauf eingefallen.

Was gibt es Schöneres, als des Nachts bei einem Mann zu liegen und bei Tage zu arbeiten? Das kommende Fest brachte die ersten Nachrichten ins Haus. Der Wittenberger Rat wolle 20 Gulden und ein Faß Einbecksches Bier senden. Die Universität wollte ihnen einen wertvollen Becher überreichen, Familie Cranach Tücher und Hausrat schenken, samt einer neuen Truhe. Die schönste Nachricht für Katharina kam vom Kurfürsten selbst: Er überließ dem Paar das Schwarze Kloster, den Hof und die Ställe mit dem Wunsch, „sie mögen brauen, mälzen, schenken, Vieh halten und andere Hantierungen verrichten".

Ave war für mehrere Tage zu Katharina gekommen, um ihr zu

helfen. Es wurde Zeit, daß eine Magd ins Haus kam, denn der Diener Wolf war mürrisch und zu keiner Arbeit zu ermuntern, die Katharina ihm auftrug. Ave und Katharina waren an dem Tag dabei, kleine Kuchen zu backen, die trocken zu Saft und Tee gereicht wurden. Sie siebten das Dinkelmehl fein, und Katharina erhitzte Honig und Butter. Ave sagte zu ihrer Freundin: „Katharina, du bist jetzt Herrin wie auf einem Schloß. Auch wenn es das dunkelste und kälteste Schloß ist, das ich kenne."

„Und feucht ist es auch", fügte Katharina hinzu: „Die Mauern müssen vollkommen freigelegt werden, um den Schimmel auszumerzen. – Aber dazu muß ich noch viele Schweine verkaufen."

„Du willst Schweine verkaufen?" wunderte sich Ave.

„Ich denke, in zwei Jahren ist es soweit."

Ave schüttelte den Kopf. „Du wirst bald wie Frau Cranach und ich Kinder tragen und Gott danken, genug Milch zu haben, und du planst..." Ihr fehlten die Worte.

„Ich fange ja langsam an", beruhigte Katharina ihre Freundin. „Morgen hole ich die Hühner vom Bauern unter der Elbe. Wolf hat doch schon das Hühnerhaus gerichtet. Er tat es nur, weil Martinus ihm ins Gewissen redete, daß ich seine Herrin sei, genauso wie er sein Herr sei."

„Du weißt, daß der Hühnerbauer nur zu gerne seine alten Hühner dem Volk verkauft und noch dabei behauptet, sie würden täglich ein Ei legen. Sie taugen dann gerade noch für die Suppe", warnte Ave ihre Freundin. Doch diese lachte nur: „Mir dreht niemand ein altes Huhn an. Ich sehe mir die Füße der Hühner an. Daran erkenne ich, wie alt sie sind. Ich werde jedem Huhn einzeln die Federn vom Hintern blasen, um zu sehen, ob der After schön weich und flauschig ist. Und ich werde den Bauch abfühlen, ob das nächste Ei bereits da ist. An mir soll sich der Lump die Zähne ausbeißen und die besten Legehennen an mich verlieren." Und sie fügte schmunzelnd hinzu: „Den Preis habe ich schon mit ihm ausgehandelt und dabei getan, als ob mir jedes Huhn recht wäre. Er sagte, ich dürfe mir die Hühner aussuchen. Er dachte sicher, ich würde am Tag kommen und froh sein, überhaupt ein Huhn zu erwischen. Ich komme aber am Abend, wenn sie sich im Schlaf leicht von der Stange fangen lassen. Von oben such ich sie aus, wie schon die Hackordnung der Hühner die Stärksten festlegt. Der wird fluchen, das schwör ich dir!“

Ave sah mit großen Augen ihre veränderte Freundin an. Dann meinte sie: „Du redest wie ein Mann. Katharina, du redest vom Wirtschaften wie dein Mann vom Wort Gottes!“

„So kommen wir uns wenigstens nicht in die Quere“, lachte Katharina. „Er bekommt ein Löffelchen von meinem Honig und ich einen Vers von König David.“

„Habt ihr etwa Bienen?“ fragte Ave erstaunt.

„Noch nicht“, antwortete Katharina. Sie zog ihre mehlige Freundin zum Fenster und zeigte in den Obstbaumgarten. „Da werde ich die Körbe hinstellen. Ich weiß schon, woher ich sie bekomme. Ich warte nur noch, bis sie schwärmen.“

Ave blieb der Mund offen stehen. „Guck nicht so, Ave, wir Zisterzienser haben das doch am besten gelernt. Denk an den heiligen Benedikt. Wir sollen alles selber erarbeiten in Gottes Garten. Und noch nie waren mir seine Worte so heilig wie heute.“

Das Schwarze Kloster wird zum Heim (1525-1537)

Sosehr Luther seine fleißige, entschlossene Frau schätzte, so heftig wurde er, wenn sie wieder kam und Geld brauchte. „Warum sorgt Ihr um das Geld, Gott sorgt für die Seinen."

Katharina schätzte den Glauben ihres Mannes, aber ein solcher Trost konnte sie zur Weißglut treiben: „Ihr seid es, der sich mit sorgen sollte! Ihr verlangt kein Geld für die Drucksachen, die andere für viel Geld weiterreichen, Ihr gebt jedem Bettler, der an die Tür klopft, ohne zu überlegen, daß ich in dem Haus ebenfalls die Mäuler stopfen muß."

Die ersten Ehemonate waren geprägt von Kämpfen zwischen zwei sich liebenden Hitzköpfen. Einer wollte den andern für sich zurechtbiegen. Doch Luther machte dem ein schnelles Ende, indem er Katharina drohte, ihr unverzüglich eine Maulschelle zu verpassen, falls sie ihm widersprechen würde.

Er ließ sich darauf ein, mit Katharina über die Ausgaben des Haushalts zu sprechen. Seinen Jahreseinnahmen von 200 Gulden standen mehr als 700 Gulden Bedarf gegenüber. Als er merkte, daß die Ausgaben die Einnahmen um ein Vielfaches übertrafen, überließ er Katharina großzügig die Herrschaft über Haus, Hof und Finanzen. Er nannte sie dann liebevoll Herr Käthe, weil ihr die gesamte Wirtschaft oblag. Er ließ sich jedoch trotzdem nicht davon abhalten, großzügig wegzugeben. So bürgte er tags darauf für hundert Gulden und verpfändete dafür die wertvollen Becher.

„Ich werde mir den Herrn Doktor noch ziehen, wie es mir gefällt", meinte Katharina noch zu Beginn ihrer Ehe. Und er wollte sie ebenfalls erziehen und versprach ihr fünfzig Gulden, wenn sie endlich einmal weniger arbeiten und dafür das Evangelium durchlesen würde. Es fiel Luther sichtlich schwer, eine Frau zu haben, die ihm nicht immer nach dem Munde redete. Er verbot ihr, ihm in der Öffentlichkeit etwas zu widerlegen, und verkündete bei Tisch und im Beisein seiner lieben Käthe: „Wenn ich noch einmal freien wollte, würde ich mir ein gehorsam Weib aus Stein hauen." Sie hatte gelernt, darauf nichts mehr zu sagen.

Der erste Winter war über das neue Heim gezogen und die Glucken saßen auf ihren Eiern, da meldete sich auch anderes Leben: Katharina zog die Röcke bis unter den Busen, damit der Bauch ungestört wachsen konnte. Und sie freuten sich auf den Kindersegen.

Als Katharina hochschwanger war, wurde ein großes Fest gefeiert, weil Katharinas Tante, Magdalena von Bora, nun auch das Kloster Marienthron verlassen hatte und mit im Schwarzen Kloster wohnte. Sie hatte also Wort gehalten, denn in der Osternacht, als Katharina mit den anderen in Koppes Fuhrwerk floh, hatte sie ja versprochen: „Ich komme nach und werde dann Tante Lene für dich sein."

Der Juni 1526 war so heiß wie ein Ofen zur Weihnachtszeit. Katharina schleppte sich mit kurzem Atem von einer Arbeit zur andern, bis sie sich unter den Wehen krümmte. So schmerzhaft hatte sie es sich nicht vorgestellt. Tante Lene holte die Geburtshelferin und Frau Cranach. Die folgenden Stunden wurden für alle eine lange Zeit, und es war ein Lachen und Danken, als der kleine Erdenbürger endlich glitschig und brüllend von der erfahrenen Frau in die Höhe gehalten werden konnte.

Katharina besah sich wenig später ihren kleinen Finger, an dem sich ein Fäustchen festgeklammert hatte. Und sie wußte von dem Tag an, was ein Wunder war. Von einer Frau zur Mutter zu werden, war ein weiteres Wunder. Und sie sprach den Lobgesang der Maria, wie sie ihn schon oft gesprochen hatte. Maria mußte sich genauso gefreut haben und wußte, daß Gott sich zu ihr geneigt hatte.

Tante Lene war glücklich, daß ihre Nichte die Geburt überstanden hatte, und sie spürte den Segen Gottes, der über Mutter und Kind lag. Sie brachte Katharina Brühe und Malzbier, damit die Milch ordentlich zu fließen begann.

Am gleichen Tag wurde „Luthers Sohn“, der kleine Johannes, getauft. Luther nannte ihn nach seinem Paten Johannes Bugenhagen, und gleichzeitig war dies der Name seines Lieblingsevangelisten.

Nach zwei Tagen mußte Katharina mitten im Sommer den Ofen heizen. Aus Kuhmilch und Getreidebrei kochte sie eine Suppe, die sie Johannes zufüttern konnte, denn sie hatte nicht genug Milch.

Es war wie zur Hochzeit: sie wurden mit Geschenken bedacht, und die Besucher kamen ins Haus. Luthers Eltern voran. Sie waren stolz auf ihren Enkel und entschlossen sich, da sie nun alt waren, auch ins Schwarze Kloster zu ziehen, denn dann würden sie gut versorgt.

Luther wurde mit der Geburt seines ersten Kindes vom Lobredner auf die Ehe zusätzlich zum Lobredner auf die Kinder. Er beobachtete das Wesen des kleinen Johannes, den alle Hans oder Hänschen nannten, und nahm ihn als Beispiel für viele Eigenschaften, die ein Christ Gott gegenüber haben sollte. Als er sah, wie geschickt Katharina mit dem Kind umging, während er nicht so sicher zugreifen konnte, war für ihn klar, daß eine Frau für den Haushalt geschaffen war und bei dieser Arbeit auch bleiben sollte. Zum Herrschen sei sie nicht geboren.

Nun konnten sich Freunde und Feinde an den Fingern abzählen, daß zwischen Verlobung und Geburt mehr als ein Jahr verstrichen war. All diejenigen, die behauptet hatten, daß sie schon vor dem Brautgang gehurt hätten, mußten sich nun offen entschuldigen. Nur zu viele hätten gerne eine Mißgeburt gesehen. Ein Kind mit zwei Köpfen oder einem Ziegenfuß. Denn abtrünnigen Mönchen und Nonnen stünde nichts anderes an. Luther war es eine große Freude, einen gesunden Sohn zu haben, und alle Entschuldigungen der Feinde waren ihm eine Genugtuung. Auch der vielbeachtete Humanist Erasmus von Rotterdam mußte widerrufen. Und das tat Luther gut, denn er geriet mehr und mehr in Streit mit Erasmus.

Katharina merkte an ihrer Erleichterung, nicht mehr verspottet zu werden, wie sehr sie die bösartigen Äußerungen belastet hatten. „Ihr seid mein rechtmäßiges Eheweib, meine ehrbare Herrin und Hausfrau des Doktor Martinus." Martinus sagte dies immer wieder zu seiner Frau, und sie freute sich jedesmal von Herzen darüber, gerade so, als ob sie es von allein nicht wissen könnte.

Wenige Monate später, als Katharina dabei war, die getrockneten Erbsen, Bohnen, Äpfel und Pflaumen in die Vorratskammer zu bringen, stand Wolf in der Tür. Er stand einfach da und sah Katharina an. Es war das erste Mal, daß er zu Katharina kam, ohne daß sie ihn rufen mußte. Martinus war einige Tage fort, deshalb blieb ihm wohl nichts anderes übrig, als zu ihr zu kommen. Er stand da mit bleichem Gesicht und schüttelte den Kopf. Katharina bedeutete ihm zu sprechen. Aber sie mußte ihn erst mehrmals bedrängen zu sagen, was er zu sagen hätte. Und dann sprach er, langsam und stockend, und zum ersten Mal spürte Katharina in seinen Worten auch die Sorge um sie und ihr Kind: „Letzte Woche war ich an der Elbe, und da wunderte ich mich, wie am hellen Tag die Ratten ohne Scheu im Kreis tanzten und sich paarten." Wolf machte eine Pause und sprach dann mühsam weiter: „Ich wollte niemanden beunruhigen. Ich habe es niemandem gesagt, gnädige Frau, verzeiht mir."

Katharina war in wenigen Sekunden in kalten Schweiß gebadet. „Sprich weiter", sagte sie, „sage mir alles, was du weißt!"

Wolf senkte den Kopf: „Erst wußten wir nicht, was es war,

weshalb gerade der Abdecker und die Bäcker zu husten begannen und sich ins Bett legten. Aber nun kam die Kunde, daß in anderen Städten kaum einer davon aufstehen wird. Die Ratten brachten uns die Lungenpest nach Wittenberg. Das ist, gnädige Herrin, ein elendes Sterben." Wolf machte eine Pause. Er hatte sich seinen Text vorher lange überlegt und sagte weiter: „Ihr hättet es ohnehin bald erfahren. Ich möchte im Namen Eures werten Doktors, daß Ihr Eure Sachen packt und die Stadt verlaßt."

Wolf hob den Kopf. Er war erleichtert und erwartete die Anweisungen der gnädigen Frau. Aber Katharina hatte keine Anweisungen für ihn. Wolf wartete. Und da sagte Katharina: „Wolf, tu deine Pflicht, wie du sie auch jeden Tag verrichtest."

„Aber Ihr müßt die Stadt verlassen!" Wolf dachte, die gnädige Frau hätte ihn nicht verstanden. Aber Katharina antwortete fest: „Ich habe hier meine Pflicht zu tun und versorge jeden, der an die Tür klopft. Übrigens, Wolf, hast nicht auch du immer spöttisch von mir als ‚heilige Katharina von Siena' gesprochen? Nun, sag mir, ist sie vor der Pest davongelaufen?"

Der Diener wurde ungeduldig und wollte Katharina unterbrechen. Diese sagte jedoch scharf: „Ich werde alles mit meiner Tante durchsprechen. Sie versteht sich auf Krankheiten und die Pest wie sonst niemand hier, denn du weißt, daß sie Siechenmeisterin im Kloster war. Und vergiß nicht, Wolf, die meiste Zeit meines Lebens haben wir im Frauenkloster verbracht, da war kein Mann, und wir wußten doch, wie wir zu entscheiden hatten. Ich bin gewiß, daß es auch so im Sinne meines lieben Herrn Doktor Martinus ist. Er wird bald wiederkommen, und du wirst es erfahren."

Woher kommen die Ruhe und die Kraft, wenn allerorten die Angst um sich greift?

Katharina hatte mit Tante Lene besprochen, Mägde und Knechte für die Zeit der Pest freizustellen. Sie konnten fliehen oder bleiben. Sie suchte Basilius auf, und er bestätigte Wolfs

Worte. Tante Lene hatte im Haus Essigwasser versprengt, um die Luft zu reinigen. Sie wies Katharina an, in keinem Haus, das sie betrat, Kleider zu berühren.

Martinus kam, und jeder Abend, an dem sie nun zu Tisch saßen, war ein Gottesdienst. Sie sangen Lieder, sie beteten. Martinus verkündigte Gottes Kraft. Auch im Angesicht des Todes seien alle von seiner Liebe umgeben. „Es steht doch in der Bibel, daß selbst wenn es sich zutrüge, daß eine Mutter ihr Kind verläßt, Gott niemanden im Stich läßt. Und der Tod ist allemal überwunden."

Bald füllte sich das Haus mehr und mehr. Da waren die Kranken, die von den Angehörigen im Stich gelassen wurden. Sie husteten und gingen, wenn sie noch konnten, im Kreuzgang auf und ab. Sie wurden gesund oder starben. Alle trugen ein Tuch mit Essig- oder Rosenwasser um den Mund, um die Keime abzutöten.

Das Haus glich einem Spital. Doch es kamen nicht nur Kranke. In der Angst wollte niemand allein bleiben, und so zog die Familie Bugenhagen mit ein und brachte auch noch eine kranke, hochschwangere Schwägerin mit.

Und dann kamen Besucher, die nicht wieder gingen: Waisenkinder, die die Pest geschaffen hatte. Sie kamen von einer Frau, die in Katharinas Armen starb. Sie kamen aus der Familie Luthers und aus ihrer eigenen Verwandtschaft. Wer dürfte da nein sagen, wenn die Eltern zuvor ein „Ja" erbaten?

Der kleine Hans konnte gerade laufen, als Katharina für acht weitere Kinder zu sorgen hatte. Und wer weiß, wie lange die Pest noch wütete.

Wie wertvoll wird das Leben, wenn der Tod sichtbar an der Seite wohnt! Täglich dankten Katharina und ihr lieber Doktor Martinus für alle Freunde, die gesund waren, und dankten Gott, daß auch viele in Frieden sterben konnten. Martinus schrieb weiter an der Übersetzung der Bibel, und seine „über alles geliebte

Hausfrau" Käthe besprach es mit ihm. Martinus und Elisabeth Cruciger fanden Lieder, die zu den Menschenherzen sprachen und ihnen zum Leben und beim Sterben halfen. Ein schwerer Schlag war für Luther, als die Schwägerin Bugenhagens ein totes Kind gebar und kurz darauf selber starb.

Die Tage waren voll Arbeit, und doch fanden Käthe und Martinus Nacht für Nacht eine Heimat beim andern. Sie herzten einander, und Martinus lauschte in der Dunkelheit auf ihren Atem. Er reimte sich zusammen, daß das Küssen nur dazu erfunden sei, um einander stillzuhalten, damit die Kinder nicht erwachten.

Katharina erwartete bald ein weiteres Kind, und sie betete beständig, daß die Pest zuvor ein Ende haben möge. Luther hatte um Katharina Angst, zu sehr hatte der Tod von Bugenhagens Schwägerin die beiden erschüttert. Sie beteten und hofften täglich auf das Abflauen der Pest. Aber auch am heiligen Weihnachtstag im Jahr 1527 läuteten mit den Glocken zum Kirchgang für andere auch die Todesglocken. Vier Tage später, während Luther eine Vorlesung hielt, wurde Elisabeth geboren. „Ich hätte nicht geglaubt, wieviel Freude und Hoffnung das allen im Haus und in der Stadt bereitet", sagte Katharina zu Tante Lene. „Ja, es ist wie ein Zeichen, daß sich die Zeiten ändern werden", erwiderte sie. Katharina sorgte sich besonders um Elisabeth, denn sie war so klein und suchte jede Stunde nach Nahrung, da sie nie viel trinken konnte.

Katharina und Martinus führten einen gemeinsamen Kampf gegen die Gleichgültigkeit der Bürger, die sich gegenüber den Kranken eingestellt hatte. Wer wollte schon einen Pestkranken pflegen und begraben? Zusammen mit dem Stadtrat und Geistlichen sorgten sie dafür, daß ein Friedhof vor der Stadt eingerichtet wurde.

Es wurde angeordnet, die kranken Schweine in die Elbe zu werfen, denn die Pest hatte auch auf die Schweine übergegriffen. „Nun fährt der Teufel in die Säue, gerade wie es auch in der

Bibel steht. Bald sind wir die Pest los. Glaube mir, liebe Käthe." Aber die liebe Käthe dachte, wenn Martinus so sprach: ‚Nicht meine Schweine, lieber Herrgott, nicht meine Schweine!' Drei Muttersäue, einen Eber und vierzehn Jungsauen hatte sie. Die wollte sie behalten! Es drehte ihr beim Anblick der aufgedunsenen, stinkenden Schweine, die in der Elbe trieben, den Magen um.

Dann hieß es, die Pest sei vorbei. Sie war auch für alle vorbei, außer für Katharina. Während andere wieder nach Wittenberg zurückkehrten und sich neue Familien zusammentaten, fielen in Katharinas Saustall innerhalb von drei Tagen zwei Muttersäue, der Eber und fünf Ferkel um. Katharina wies Wolf an, die Tiere in die Elbe zu schaffen. Gott hatte ihr Gebet nicht erhört! Hatte Martinus zu sehr gebetet, daß der Teufel auch in ihre Säue fahren solle, um die Pest zu bannen? Ihr war unwohl bei all den Gedanken, und sie wollte bei Tante Lene beichten. Aber die meinte nur: „Pest ist Pest, und die Teufel sollen doch in der Hölle bleiben, wo sie hingehören!"

Elisabeth wurde von allen herumgetragen, und Hänschen zeigte auf seine kleine Schwester und sagte stolz: „Elli, mei Elli!" Er wollte seiner Schwester zeigen, wie man die Hände faltet und was sie mit den Beinen anstellen sollte, damit sie endlich laufen könne. Aber Elisabeth hat nie das Laufen gelernt. Als sie ein halbes Jahr alt war, wurde sie schwächer und schwächer und hörte eines Nachts einfach auf zu atmen.

Nun war für Katharina eine Schmerzgrenze erreicht, von der sie dachte, sich nie wieder zu erholen. „Ich kann nicht die Hände falten, wenn ich sie zu Fäusten ballen will", sagte sie zu Martinus, als sie das tote Kind noch segnen wollten. „Betet Ihr für mich mit", sagte sie zu ihrem Mann. Zum ersten Mal wollte Katharina nur noch weinen und nichts essen. Luther wunderte sich, daß auch er wie eine Frau bewegt war, und tröstete sich damit, daß seine Tochter nun bei ihrem wirklichen Vater war.

„Hier ruht des lieben Martinus Töchterlein", ließ er auf den Grabstein schreiben.

„Es war so wunderbar, eine Tochter zu herzen", sagte Katharina zu Ave, die bereits ihrer Tochter kleine Zöpfe flechten konnte. Ave umarmte und tröstete ihre Freundin, die nicht wußte, daß bereits walnußgroß ein Mädchen in ihr zu wachsen begann.

Magdalene wurde im Mai geboren. Luther bat seinen Freund Amsdorff, die Patenschaft zu übernehmen. So trafen sich über dem Taufbecken die alten Freunde wieder, und Katharina konnte nun über die Zeit lachen, als sie zu Amsdorff laufen mußte, um nicht den gräßlichen Kaspar Glatz heiraten zu müssen.

Magdalene kam mit dunklen, fingerlangen Haaren zur Welt, die gleich nach der Geburt zu einer Rolle gebürstet werden konnten. Sie brüllte lautstark, als sie auf Mutters Bauch lag, und niemand hatte so etwas seither gesehen: Sie robbte sich hoch, bis sie Mutters Brust gefunden hatte. Da war sie erst zufrieden. Dies war die einzige Art, das Mädchen die ersten Tage stillzuhalten. So brüllte Magdalene auch während ihrer Taufe lauter, als Amsdorff den Segen sprechen konnte. „Sie schlägt ganz nach der Mutter", sagte er lästernd nach dem Kirchgang zu den Eltern.

Katharina war nicht müde von der Geburt und dem Kirchgang. Mit dem Kind an der Brust und der Kinderschar im Schlepptau zeigte sie dem neuen Kind die Kühe und Schweine, die Hühner und Ziegen, blühende Apfelbäume und die neu angekommenen Schwalben. Katharina fand es nur richtig, an dem Tag noch die Kürbispflanzen einzugraben und den Riesenrettichsamen aus Nürnberg in die feinkrümelige Erde zu legen. Hänschen konnte schon angießen. Er hätte auch gern seine Schwester ein wenig angegossen. Aber dafür gab es von drei Kindern gleich was auf die Finger. Deshalb flüchtete er sich zu dem lieben Tölpel. Das war der neue Haushund und sein bester Freund.

Katharina war wieder zu Scherzen aufgelegt und in der Frühe, wenn sie wie üblich als erste aufstand und mit flinken Augen in alle Winkel zu schauen pflegte, sang sie und versuchte doch dabei niemanden zu wecken. Sie bereitete die Milchsuppe zu, die am Morgen heiß zu einem Stück Brot gegessen wurde, und sie rührte jeden Morgen eine frische Salbe aus Benediktenwurzel, Salbei und Arnika, denn Luther hatte schon lange ein Geschwür am Unterschenkel, das nicht heilen wollte. Zudem hatte er vermehrt Ohrensausen und Schwindel. „Meine größte Sorge gilt meinem lieben Martinus", sagte sie zu Tante Lene. Und die zwei Frauen und die Ärzte hatten viel Kummer mit dem Gesundheitszustand des Mannes. Zu der Enge in der Brust, die auf ein krankes Herz schließen ließ, gesellten sich zeitweise schlimme Unterleibskrämpfe. Manchmal endeten die Schmerzen erst, wenn sich die Blasensteine lösten. So verbrachte Luther in den folgenden Jahren oft Stunden und Tage, an denen er dachte, er würde nicht wieder aufstehen können. Freunde, Ärzte und vor allen Dingen Katharina mühten sich, dem leidenden und schwermütigen Mann Erleichterung zu verschaffen. „Es ist der Teufel, der mit mir spottet. Der will mich gar vernichten. Bald werde ich wohl von Euch gehen, meine herzliebste Käthe."

Es war nicht das erste und letzte Mal, daß Luther dachte, seine letzte Stunde sei angebrochen. Katharina flehte ihn an, nicht um ihretwillen, sondern um der Menschen und seines Werkes willen, nicht die Augen zu schließen. Mehr als allen andern galt ihre Fürsorge und Aufmunterung ihrem lieben Mann. „Ich bin ein schlechter Christ", vertraute er seiner Käthe an, „in Euch, liebes Weib, habe ich mehr Vertrauen als in den Heiland selber." „Vergeßt nicht, daß es der Herr war, der uns zusammenführte. Lobt Ihr mich, so dankt Ihr Gott damit", beruhigte sie ihren Mann.

„Lenchen, Lenchen, wo bist du?" Magdalene konnte schon laufen und wurde von den Studenten prächtig unterhalten. Sie spielten Verstecken. Lenchen hielt sich die Augen zu und war unsichtbar. Selbst wenn Tölpel um sie sprang und bellte, war sie doch nicht da. Die jungen Männer stupsten Lenchen an, aber das bedeutete gar nichts. Erst wenn Lenchen zwischen den Fingern hindurch blinzelte, war das Spiel zu Ende.

Katharina fand in ihren Gästen die besten Hüter ihrer Kinder. Luther achtete jedoch streng darauf, daß seine Kinder nicht verzärtelt wurden, und wies seine Frau an, strenger mit ihnen zu verfahren. Doch Katharina tat, was sie für richtig hielt. Sie lobte und tadelte alle in dem großen Haushalt und unterband, daß jemand unnütz herumstand oder Unfrieden stiftete. Wieviel sie trotzdem allein zu bewältigen hatte, schrieb sie in einem Brief nieder:

Ich muß mich in sieben Teile zerlegen und an sieben Orten zugleich sein. Ich bin 1. Ackerbürgerin, 2. Bäuerin, 3. Köchin, 4. Kuhmagd, 5. Gärtnerin, 6. Winzerin und Almosengeberin an alle Bettler zu Wittenberg, 7. aber bin ich die Doktorissa, die sich ihres berühmten Gatten würdig zeigen soll und mit 200 Gulden Jahresgehalt viele Gäste bewirten soll.

Luther mußte für mehrere Monate auf die Feste Coburg reisen. Katharina hatte ihm Bier, Wein und Arzneien eingepackt. Luther bestellte Hieronymus Weller ins Haus. Er sollte Katharina unterstützen und die Kinder unterrichten. Hänschen war bald fünf Jahre, und es wurde Zeit, daß er ordentlich studierte. Katharina freute sich, einen intelligenten und gutgelaunten Helfer zu haben. Sie konnte in der Zeit uneingeschränkt ihre Pläne vorantreiben und freute sich doch über jeden Brief, den ihr Mann schickte. Es war eine Freude, einen Mann zu haben, der so unermüdlich schrieb. Traktate, das Wort Gottes, Abhandlungen und Briefe, Briefe ohne Zahl. Katharina hatte immer zu lesen und kam kaum nach, mit ihrem Mann auch alles zu besprechen.

Die Briefe an sie, an die „herzliebste Ehefrau, Katharina zu Wittenberg, Herrn Käthe, Luthers liebstes Eheweib“, waren für sie ein Motor, auch in Abwesenheit des Mannes für ihn zu leben. Sie las die Briefe nicht nur einmal. Sie freute sich über seine Grüße von all denen, die er traf. So war es auch die theologisch gebildete Argula von Grumbach, die sich trotz Ehe und Frausein in die Politik mischte. Luther grüßte von ihr und gab ihren Rat weiter, Lenchen langsam abzustillen, indem langsam die Mahlzeiten verringert würden, damit die Milch ausbliebe. Er schrieb, wie er in den Nächten schlief. Meist war sein Schlaf so gut wie das Bier, das er wie Medizin zu sich nahm. Er schrieb ihr von seinen Beschwerden und Ängsten und verbot ihr jede noch so berechtigte Sorge um ihn.

Katharina schrieb ihm zurück, wie er es liebte, und berichtete vom Haus und von den Kindern.

Katharina braute das Bier immer besser, und so konnte sie nun aus den Verkäufen Gewinn schöpfen. Das war auch nötig, weil die meisten Gäste umsonst versorgt wurden. Das Kostgeld der Studenten verlangte sie jedoch energisch, weil es abgesprochen war und sich die Burschen nur zu gerne darum drückten.

Wirkliche Ruhe fand Katharina nur noch, wenn sie in den Gärten war. Dann konnte sie der Regel „ora et labora" (bete und arbeite) folgen. Sie erntete nun eigene Kräuter, hegte die Reliquienpflanzen Wein, Salbei, Lorbeer und Maulbeerbaum und versorgte den Haushalt mit eigenem Gemüse.

Bald nach Luthers Heimkehr mußte er seinen Vater begraben. Die Mutter folgte ihrem Mann ein Jahr danach. Luther trauerte heftig, und Katharina stand ihm bei, so gut sie konnte. „So ist es also, wenn man um Eltern trauert", dachte sie.

Doch bei allem, was geschah, das Leben brachte so viel Veränderungen mit sich, daß keine Zeit zum Grübeln blieb. Doktor Martinus hatte das Evangelium fertig übersetzt, und nun wurde es von Wittenberger Theologen überarbeitet.

Katharina wollte unbedingt noch einen größeren Acker und

lag Tag und Nacht ihrem Mann in den Ohren, bis er es nicht mehr hören konnte und ihr einen großen Garten vor dem Elsterntor kaufte. Ebenso bekam sie den Garten am Zahnischen Weg. Darin befanden sich sogar Fischteiche. So brachte Katharina nun Hechte, Schmerlen, Forellen, Kaulbarsche und Karpfen auf den Tisch. Katharina war gerührt von dem Zugeständnis ihres Doktors. Er mußte, um die Gärten zu erwerben, siebzehn Gulden aus dem Kirchenkasten leihen.

Katharina und Martinus besprachen zusammen, welche Baumaßnahmen am Schwarzen Kloster dringend nötig waren. Sie begannen mit dem Keller, damit das Haus endlich trocken würde. Obwohl sie viele Helfer hatten, langten auch Katharina und Martinus kräftig zu. Daß sie beim Einsturz einer Mauer mit dem Leben davonkamen, sprach sich bald überall als eine erneute Bewahrung Gottes herum.

Luthers bekamen noch drei Kinder. Im November 1531 gebar Katharina nach langen, schlaflosen Nächten und Fieber den kleinen Martin. Im Januar 1533 kam Paul zur Welt – am Geburtstag seiner Mutter. Knapp zwei Jahre später in einem der kältesten Winter wurde Margarete („Maruschel") geboren. Selbstverständlich waren die Kinder willkommen und wurden liebevoll und fromm erzogen. Doktor Martinus war jedoch zu den Buben strenger als zu den Mädchen, und Katharina taten die Jungs in ihrem zarten Wesen leid. So wurde der kleine Hans, der noch ein richtig kleines Spielkalb war, ständig zum Beten und Lernen ermahnt und mit sieben Jahren in der Universität eingeschrieben.

Frau Cranach und Frau Bugenhagen waren Katharina eine große Hilfe, denn aus den Waisenkindern wurden schon junge Männer und Frauen, die eigenwillige Wege einschlugen. Die Frauen standen sich mit Rat und Tat zur Seite, denn alle hatten ihre liebe Not mit der Erziehung ihrer Kinder. Die großen Jungs sollten von dem kleinen Hans abschauen, wie brav sie lernen sollten, und Katharina mußte die Mädchen in Schach halten, da sie noch zu jung zum Heiraten waren.

In Wittenberg trafen sich junge Studenten, die ihren Doktorschmaus feierten, oder hielten sich entlaufene heiratswillige Mönche auf. Das verdrehte den Mädchen nur zu leicht den Kopf. Auch die Frau Melanchthons hatte ihre liebe Not mit ihrer ältesten Tochter, deren Herz sich bald an diesen, dann an jenen verlor.

Katharinas Rettungsmittel bestand darin, die Halbwüchsigen zu beschäftigen. So wies sie zum Beispiel Else und Lene, die mit im Schwarzen Kloster wohnten, an, zum nächsten Wochenende die jungen Hähne zu schlachten. „Traut ihr euch das zu?“ fragte sie.

„Ja, natürlich!“ war die Antwort. „Wir haben doch sonst auch immer mitgeholfen.“

„Bindet euch die Schürzen aus dem Stall um“, erinnerte Katharina noch.

An dem Morgen gelobten die Mädchen laut, sie würden an einem Tag alle vierzehn Hähne schlachten. Katharina war erleichtert darüber, denn sie mußte noch zu ihrer liebsten Freundin Elisabeth Cruciger. Diese war krank geworden, und da sie nun in Wittenberg wohnte, konnte Katharina ihr beistehen.

Als Katharina am Abend in die Ställe schaute, wunderte sie sich: Da saßen ja noch alle schlachtreifen Hähne! Fast alle Hähne hockten auf der Stange, nur einer von ihnen saß aufgeplustert und jammervoll auf dem Boden in der Ecke. Ihm fehlten der Schwanz und ein Flügel. Katharina konnte sich das nicht erklären, denn die Mädchen quälten keine Tiere. Sie suchte die beiden und fand sie umringt von andern, wie sie ihr großes Abenteuer erzählten: „Der Hahn wehrte sich wie ein Teufel. Fünfmal schlug ich kräftig auf ihn ein“, prahlte Else, „aber ich traf nur den Schwanz und einen Flügel.“

„Gott sei gelobt, daß ich noch alle Finger habe“, seufzte Lene, „denn ich habe den Teufel an den Füßen gehalten.“

Katharina hatte genug gehört: „Morgen werdet ihr beide weiterlernen, wie man den Teufeln den Garaus macht! Ihr werdet gemeinsam mit Wolf und der Magd eure Pflicht tun! Und dabei gibt es keine Zuschauer, die euch bewundern. Keinen Ton will ich über eure Pflicht hören. Einzig die sauber gerupften Hähne, so ihr dessen fähig seid, werden euch preisen. Die Gockel werden morgen vor die Küche gehängt, damit jeder sehen kann, was und wie ihr schafft.“

Die Mädchen duckten sich unter den Anweisungen. Das würde kein Spaß werden, mit Wolf und der Magd zu arbeiten.

„Und nehmt als erstes den armen Teufel, der auf dem Boden hockt, wenn er die Nacht überlebt.“

Zu ihrem Mann sagte sie später: „Nicht nur die Jungen, auch die Mädchen müssen etwas haben, worin sie sich beweisen müssen und sehen können, daß sie gut sind.“ Und so stand auch damit fest, daß an den Abenden nicht nur die Jungen, sondern auch die Mädchen aufsagen mußten, was sie gelernt hatten. Niemandem blieb der Angstschweiß erspart, vor anderen sein Wissen mitzuteilen. Martinus hatte genug Stoff für alle. Er schrieb ein Krippenspiel, in dem jedes Kind eine eigene Rolle bekam. Und die, die den „Teufel an den Füßen hielt“, sollte den Engel spielen. „Vom Himmel hoch, da komm ich her...“, hatte sie zu lernen, und Lene sagte am Heiligen Abend zum Christuskind (das war Paul, der aber nicht recht liegenbleiben wollte): „Bist uns willkommen, edler Gast, den Sünder nicht verschmähet hast...“

An dem Abend hatten die Kinder ihren großen Auftritt. Denn alle, die mitspielten oder sonst noch zugegen waren, umkreisten am Ende die Krippe und sprachen:

Davon ich allzeit fröhlich sei,
zu springen, singen immer frei,
das rechte Susannine (Wiegenlied) schön,
mit Herzenslust und süßem Ton:

Lob, Ehr sei Gott im höchsten Thron,
der uns schenkt seinen ein'gen Sohn,
Des freuen sich der Engel Schar,
und singen uns solch neues Jahr.

Elisabeth Cruciger war angetan von der Aufführung der Kinder. Und sie wünschte sich, daß das Ereignis in die Kirchenbücher aufgenommen werde. Nicht nur in die Häuser, nein, in die Kirche sollte die Erinnerung an die Geburt des Heilands von den Kindern getragen werden.

Elisabeth Cruciger nahm leise Abschied. Katharina war noch oft bei ihr gewesen; sie sprachen dann miteinander wie früher, als sie noch keine Familien hatten. „Gott war das Licht auf meinem Weg, Katharina, und ich sehe schon ein großes Feuer, ein Freudenfeuer, das mit nichts zu vergleichen ist." Katharina verstand nicht die Worte der sterbenden Frau, aber sie sah das Leuchten in deren Augen. Fast ein schlechtes Gewissen hatte Elisabeth, die andern zurückzulassen und doch so froh zu sein. Zwei Tage später schloß Katharina Elisabeths offene Augen. „So ist heute meine Schwester gestorben", klagte sie Ave. „Denn wir waren im gleichen Geist verbunden." Am Grab sangen sie Lieder von Elisabeth, und es war, als ob sie nun nicht mehr im Sarg liege, sondern ihr Wesen überall dort war, wohin die Stimmen drangen. Katharina wußte, daß nun auch ihre kleine Tochter Elisabeth, die ebenso still starb, nicht mehr allein war. Die Namensschwestern hatten sich gewiß gefunden. Sie sprach nicht über ihre Gedanken, weil sie Martinus sicher unwichtig gefunden hätte. Doch sie spürte immer wieder die Gegenwart Elisabeths und war nicht verlassen.

Als Martinus wieder auf Reisen war, beschloß Katharina, ihren Mann zu überraschen. Er saß ja, wenn er zu Hause war, meist in seiner dunklen, kalten Stube und schrieb oder diktierte. Diesem Frieren und dem schlechten Licht wollte sie ein Ende bereiten. Sie ließ für ihren lieben Mann in seinem Zimmer einen Ofen mit einer Bank einbauen und die Wand zur Elbe hin einschlagen, so daß ein großes Fenster darin eingebaut werden konnte. Danach wurde eine Badestube eingerichtet, und damit war das ehemalige Kloster eine gute Unterkunft geworden. Luther lobte seine Frau, die ein Paradies aus dem dunklen Haus gemacht hatte.

Schwere Jahre (Wittenberg 1537-1540)

Für Katharina und Martinus begann mit dem Jahr 1537 eine schwere Zeit, die zeitweise über ihre Kräfte ging.

Da war die Arbeit in Haus und Garten. Da waren für Doktor Martinus Vorlesungen und Gottesdienste zu halten. Dabei litt er jedoch oft unter Schwindel bis hin zur Ohnmacht, so daß er manche Gottesdienste absagen mußte. Teilweise hatte er Ohrensausen und starke Kopfschmerzen und mußte seine Texte diktieren. Viele Theologen, Adelige und Bürger kamen, damit er Streitigkeiten schlichte. Durch die Heirat der Pastoren und den Wegfall des Sakraments der Eheschließung erhob sich nun die Frage, wann eine Ehe als rechtsgültig zu betrachten sei und welche Gründe zur Trennung der Eheleute ausreichten. Bei all den Anforderungen war die eigene Familie zu erziehen und zu versorgen. Fünf eigene Kinder und ebensoviele fremde dazu. Die Erwartungen von Studenten und Freunden, möglichst kostenfrei ihre Hochzeit oder den Doktorschmaus bei Luthers abhalten zu können, hatten überhand genommen, zumal die Kreise immer weiter gezogen wurden. Immer öfter hieß es, Frauen und Kinder sollten zu Hause bleiben, weil der Platz zu knapp sei und die Feier sonst unbezahlbar würde.

In der Zeit legte sich Katharinas Stütze und Ratgeberin Tante Lene auf das Totenbett. Katharina begann schon lange vor ihrem Tod um die Tante zu trauern. Sie wußte im voraus, wie sehr sie ihre Tante vermissen würde und daß es ihr nicht helfen würde, sie im Himmel zu wissen. Und wieder bewies ihr lieber Gatte seinen Glauben und seine Stärke, indem er Tante Lene beistand und ihr bei Zweifeln und Ängsten Trost zusprach. „Allein deshalb könnt ich Euch schon lieben, wie Ihr meine Familie zu Eurer macht und ihnen nah sein könnt", sagte Katharina.

„Aber ich habe Euch, Käthe, eine noch größere Last aufgebürdet", entgegnete Doktor Martinus. Und er hatte mit seinen Worten recht, denn die kranke Kurfürstin von Brandenburg ließ sich im Schwarzen Kloster pflegen. Sie war vollkommen verwirrt, und so mußte Katharina ihre Nächte an deren Bett verbringen, um sie ruhigzuhalten.

Als auch noch die Tochter der Kurfürstin um Quartier bat, war es Luther zuviel, den anspruchsvollen Leuten Gastgeber zu sein, und schlug ihre Bitte aus.

Kurz nach Tante Lenes Tod, der auch die Kinder sehr bewegte, kam Frau Cranach mit verweinten Augen ins Schwarze Kloster. Katharina reichte ihr Brot und Wein, und sie erzählte, daß ihr ältester Sohn in Bologna gestorben sei. Für manchen Tod gab es keinen Trost, aber die Frauen und Familien, die über das Wort Gottes zusammengefunden hatten, gaben sich Halt und ließen den andern nicht allein. Nie wurde jemand, der Hilfe brauchte, im Gebet vergessen. An diesem Abend beteten alle Kinder: Hans, Lenchen, Martin, Paul und Maruschel, um den Segen für Cranachs. Paul wußte zwar nicht, worum es ging, und Maruschel konnte nur nachplappern, aber ihre Gesichter waren so ernst wie die der Brüder und Lenchens.

Die Pflege der Kurfürstin war so aufwendig, daß Katharina Tag und Nacht auf den Beinen war, und Luther machte sich große Sorgen, wie es weitergehen sollte. Er wollte die Kurfürstin gerne in einer anderen Pflege wissen, wollte aber seinen Freund und Gönner, den Kurfürsten, nicht enttäuschen. Doch durch seine Nachfragen und seine guten Kontakte fand er eine respektable Unterbringung für die Kurfürstin auf der Burg Lichtenberg. Wie es seine Art war, schob er die unbequeme Frau nicht einfach ab, sondern besuchte sie regelmäßig und stand ihr geistlich bei.

In der unruhigen Zeit, in der Käthe nicht wußte, woher sie die Zeit, und noch mehr, woher sie die Kraft nehmen sollte, begann ihr Mann mit der Übersetzung der Psalmen. Er sagte zu ihr, daß er nun einen Psalm übersetze, von dem er denke, daß ihn die Engel ihm selber sagten, und gab Katharina die Verse. Und sie las:

Der Herr ist mein Hirte,
mir wird nichts mangeln.
Er weidet mich auf einer grünen Aue
und führet mich zum frischen Wasser.
Er erquicket meine Seele.
Er führet mich auf rechter Straße
um seines Namens willen.
Und ob ich schon wanderte im finstern Tal,
fürchte ich kein Unglück;
denn du bist bei mir,
dein Stecken und Stab trösten mich.
Du bereitest vor mir einen Tisch
im Angesicht meiner Feinde.
Du salbst mein Haupt mit Öl
und schenkst mir voll ein.
Gutes und Barmherzigkeit
werden mir folgen mein Leben lang,
und ich werde bleiben
im Hause des Herrn immerdar.

Katharina las die Verse wieder und wieder, und sie sah ihr Leben vor sich und wußte, daß jedes Wort für sie wahr geworden war. Sie war erstaunt, wie sie jeden Vers mit Beispielen belegen konnte. Dann faßte sie einen Entschluß: Sie rief alle Kinder und ging mit der Schar aus der Stadt und über die Felder bis zum Hirten, der Schafe und Ziegen hütete. „Mehr brauchen wir nicht zu tun bei Gott, als bei seiner Herde zu bleiben und uns führen zu lassen. Schaut genau hin", befahl sie. Danach fragte sie jedes Kind einzeln: „Weißt du, was das für dich bedeutet?" Sie fragte so eindringlich und gab erst auf, als jedes Kind wußte, daß es einen Hirten im Himmel hatte.

Katharina konnte nicht erwarten, ihrem Mann von der Freude über den Text zu berichten. Er saß schon zusammen mit anderen, aber Katharina übersah das Verbot, zu stören, und sagte: „Martinus, diese deine Worte leben! Sie haben Hände und Füße. Sie sind Licht und Feuer." Martinus freute sich und hoffte darauf, daß ihm seine Käthe dann den kaputten Mantel nachsehen würde, den er mit nach Hause gebracht hatte.

„Schau, Mutter, ein kranker Hase!" Kaum, daß Katharina aus der Stube ihres Mannes trat, zerrten die Kinder an ihr und zogen sie in den Garten zu einer großen Kiste, um die schon Tölpel bellend herumsprang.

Hieronymus Weller erzählte die dazugehörige Geschichte: „Der Herr Doktor mußte wieder, weil es von ihm erwartet wurde, mit zur Jagd. Da er daran jedoch keinen Gefallen fand, saß er bald, nachdem die anderen auseinandergesprengt waren, ab, band sein Pferd fest und verlief sich im Wald. Da hörte er die Hundemeute heranhetzen und sah, wie sie sich auf einen Hasen stürzten. Voller Mitleid ergriff er das arme Tier und verbarg es unter seinem Mantel. Die Hunde wollten jedoch vom Hasen nicht lassen und zerfetzten noch den Mantel des frommen Herrn." Die Kinder waren ganz aufgeregt. Erst die Lektion mit der Schafherde und nun ein geretteter Hase!

Bei Katharina blieb „der zerfetzte Mantel" im Gedächtnis haften, und sie machte sich auf die Suche nach dem guten Stück. Ihr Mann mußte wahrlich ein Held und Narr zugleich gewesen sein, denn es war keine Seite an dem teuren Tuch heil geblieben. Nun sollte sich der Doktor doch einmal den Kopf zerbrechen, ob der Hase gegessen werden konnte oder nur wieder ein weiterer Esser sein sollte. „Wir werden ihn wohl am besten ein wenig pflegen und dann laufen lassen, wie ein Sünder wieder seine Freude erlangen soll“, überlegte sie. „Ihr seid wahrlich nicht nur meine Herrin, nein, Ihr seid auch die beste Predigerin zu Wittenberg“, lobte sie Martinus.

Katharina und Ave verband nicht nur ihre gemeinsame Klosterzeit und der neue Hausfrauenstand. Sie besprachen sich auch wegen der Gesundheit ihrer Männer. Obwohl Aves Mann Basilius wesentlich jünger war als Luther, war er durch seine Arbeit als Apotheker vielen belastenden Prozeduren ausgesetzt. Denn was den Menschen Heilung brachte, machte Basilius und seine Helfer krank. Stellten sie Laudanum her, ein Beruhigungs- und Einschlafmittel, so mußten sie sich abwechseln, weil der Gebrauch des Opiums zu einer ständigen Schlafsucht führen konnte. Auch beim Pulverisieren von Kantharidenkäfern entwikkelte sich ein so penetrant scharfer Geruch, daß Haut, Augen und Lungen angegriffen wurden. Oft waren die Augen des Basilius entzündet. Er hatte Atemnot und erbrach sich. Selbst bei der Herstellung des wohlriechenden Rosenwassers, das zum Beleben und Desinfizieren benötigt wurde, entstanden Ausdünstungen, die starke Kopfschmerzen und Schwindel verursachten. So war es zur Gewohnheit geworden, daß Basilius vom Trockenextrakt der Tollkirsche Schwindelanfälle hatte oder vom Geruch der Eibe und des Nußbaums wie seine Gesellen unter Erbrechen litt. Doch Basilius hielt diese Wirkungen in einem Buch fest und suchte nach Möglichkeiten, der Gefahren Herr zu werden. So konnten gläserne Masken das Gesicht schützen, und die Mörser wurden mit Leder abgedeckt, damit die giftigen Dämpfe nicht aufsteigen konnten. Er besprach sich mit der Apothekerzunft, und bald wurden Lüftungen eingebaut, damit immer frische Luft zuströmen konnte.

Martinus wie auch Basilius, die sich auf das Heilen von Leib und Seele der anderen so gut verstanden, waren selbst zu Bedürftigen geworden, und ihre Frauen lebten in ständiger Sorge um sie.

Einen schlimmen Anfall hatte Luther, als er im Februar 1537 auf Reisen war. Er konnte acht Tage kein Wasser lassen. Die Ärzte fühlten sich hilflos. Seinem Freund Melanchthon standen die Tränen in den Augen, als er seinen Freund so leiden sah. Die Ärzte versuchten es mit Mandelmilch und griffen in ihrer Not zu Knoblauch und Roßmist.

Luther wollte fort aus Schmalkalden, er wollte im kursächsischen Gebiet sterben. So wurde für seinen Transport extra ein kupfernes Kohlebecken angefertigt, damit man auch unterwegs warme Tücher für den Kranken hatte. Luther sorgte sich um Frau und Kinder und fürchtete, daß sich nach seinem Tod der ihnen feindlich gesonnene Wittenberger Stadtvogt an seiner Familie rächen würde. Wenn sich nur Amsdorff seiner Käthe annehmen würde! Der Kurfürst selbst versicherte jedoch Luther vor dem Aufbruch, er solle sich um Weib und Kinder nicht sorgen: „Denn Euer Weib soll mein Weib sein, und Eure Kinder sollen meine Kinder sein."

Der Kurfürst war ein unsichtbarer Schutzengel; Luther konnte sich auf sein Wort verlassen. Daß dieser Schutzengel jedoch sterblich war, sollte Katharina Jahre später bitter erfahren.

Luthers Briefe hatten seine Frau erreicht, und sie spürte, wie ernst es um ihn stand. Und während Martinus in die Kutsche getragen wurde und es sich trotz aller Schmerzen nicht nehmen ließ, noch das Kreuzzeichen zu schlagen und allen Umstehenden zuzurufen: „Der Herr erfülle euch mit Segen, und auch mit Haß auf den Papst", setzte sich in Wittenberg Katharina auf den Kutschbock und reiste ihrem Mann entgegen.

Martin Luther wurde von Glaubensbrüdern, darunter auch Bugenhagen und Spalatin, und einem Arzt begleitet. Die Reise war mühsam. Zwei Männer mußten neben dem Wagen hergehen, damit es den Kranken nicht so durchschaukelte. So kamen sie am ersten Tag nur fünfzehn Kilometer voran.

Durch die Erschütterung der Fahrt, die die Männer zu vermeiden versuchten, begannen sich jedoch die Blasensteine zu lösen, und in den folgenden Tagen ging es Luther zwar schlecht, aber dennoch zunehmend besser.

Mit ganz anderem Tempo reiste Luthers Käthe. Sie, die sonst das Wohl der Pferde nie aus den Augen verlor, gab ihnen die Peitsche und ließ sie nur zum Saufen und Fressen anhalten. Und dann kamen ihr Gerüchte zu Ohren: Der Aufwiegler der Kirche sei bereits tot; er würde zur letzten Ruhe nach Hause geleitet.

Aber er war nicht tot! Todkrank war er, wahrhaftig. Aber Käthe hatte ihn lebendig wieder, und darüber konnten beide für einen Augenblick lachen. „Käthe, mir half nicht diese oder jene oder gar Eure eigene Arznei, einzig die Gebete haben mir geholfen", sagte er eindringlich zu ihr. Katharina ließ ihren Mann reden, was er wollte. Sie war froh, ihn wiederzuhaben, und er würde ihren Holundersirup schlucken müssen, ehe er zum Bier griff.

Es ist etwas Seltsames, wenn man dem Weib verbietet zu reden. Käthe durfte manches nicht mehr sagen, weder vor der Öffentlichkeit, noch wenn sie mit ihrem Mann allein war. Aber Luther wußte inzwischen zu gut, was seine Frau dachte. Und er hörte ihre Worte um so deutlicher, je mehr sie schwieg. Er kannte ihre Worte auswendig und konnte selbst Varianten und Bekräftigungen dafür finden. Am schlimmsten war ihre Einstellung seinen Anfechtungen gegenüber. Er wußte, daß es der Teufel war, der ihn marterte. Aber dieses Weib sagte (beziehungsweise später: dachte): „Es ist nicht der Teufel, es ist Euer schwacher Körper." Diesen Satz hatte sie von Tante Lene. Sie sagte ihn damals, als Katharina aus dem Kloster fliehen konnte, selbst aber nicht mitkonnte, weil sie krank war. Ihm war aber klar, daß es der Teufel selber war, der ihn davon abhalten wollte zu reisen, zu predigen und zu schreiben. Diese seine Frau wollte seinen Kampf nicht begreifen, obwohl sie ihn doch umsorgte und für ihn Tag und Nacht betete. ‚Ihr fehlt der tiefere Blick, und sie liest zu wenig in der Heiligen Schrift', dachte er kopfschüttelnd.

Katharina wunderte sich oft über ihren geliebten Mann. Den Anfeindungen des Teufels, der ihn in der Nacht vom Schlaf abhalten wollte, begegnete er mit reichlich gutem Bier. Somit war für ihn das Bier- und Weintrinken eine höhere Art des Fastens. Wenn er betrunken war, was Katharina aufs schärfste mißbilligte, sagte er, das Bier sei schlecht oder der Wein tauge nicht. Wenn er auf Reisen war, bat er Katharina, doch von ihrem Bier und ihrem Wein etwas zu schicken, wenn er lebendig wiederkommen solle.

Katharina schüttelte über ihren Mann auch den Kopf, als er allen Ernstes demonstrativ ein Bild von sich und ihr zum Konzil nach Mantua senden wollte, um dem Zölibatsgefasel ein Ende zu bereiten. Das Bild sollten sie aufhängen und Katharina als Inbegriff der Eva sehen. Als Mutter alles Lebendigen! Denn davon würden alle etwaigen Schwächen einer Frau überdeckt.

Ein Jahr nach Luthers schlimmer Erkrankung stand Besuch ins Haus, auf den sich Katharina mehr freute als sonst. Es war ihre Namensschwester Katharina Zell. Dieser Frau hatte Luther, als Katharina vor dem Gemälde Cranachs stand und sich Gedanken über ihre Namensschwestern machte, Grüße übermittelt. Damals ahnte sie noch nicht, daß sie sich einmal treffen würden – die beiden Katharinas mit ihren Männern, die beide Pfarrer waren und mehr als zwanzig Jahre älter als ihre Frauen.

Katharina Zell hatte vor drei Jahren das Vorwort für das Straßburger Gesangbuch geschrieben, und Katharina hatte von ihrer Namensschwester schon viele Trostbriefe gelesen, Traktate, die Menschen aufmuntern und Gottvertrauen schenken sollten. Sie war die einzige Frau, von der Katharina solche – durchaus auch umstrittenen – Schriften besaß. Katharina von Zell machte sich um die evangelische Liebestätigkeit verdient. Sie wurde nicht nur von ihrer Stadt Straßburg von Herzen verehrt.

Mit dem Besuch von Katharina Zell erwachte in Katharina erneut eine Frage um die andere. Vor allen Dingen beobachtete sie das Paar, das sich so anders verhielt. Bei ihnen genügte ein Blick zum andern, um ihm beizustehen, und alles wurde gemeinsam besprochen. „Am Anfang leistete ich nur meinem Verlöbnis Folge und wollte nicht mehr sein als ein Stücklein aus der Rippe meines Mannes. Wir wollten nicht Gold und Geld, sondern sahen, wie viele Menschen litten, und denen wollten wir gemeinsam zu Hilfe eilen. Aber mein lieber Mann Matthias wollte, daß wir in allen Stücken gleich seien. Und wie wir in Kleinigkeiten, beim Essen oder in Nebensachen, übereinstimmen, so arbeiten wir im Einklang miteinander. Ich bin sein ‚lieber Helfer' – für die Dinge, derentwegen andere ihn als ‚vom Weibe beherrscht' verschreien, gerade für die liebt er mich."

Katharina sah, wie die beiden gemeinsam über einem Text arbeiteten und sich dabei dankbar über die Wange streichelten. So etwas hatte sie noch nie erlebt. Ja, er nahm ihr die Kinder ab, damit sie sogar allein mit andern über ihre Arbeit sprechen konnte. Und danach erkundigte er sich nach ihrem Vorankommen und ihrer Gesundheit. Sie kam gut voran und war gesund, und er freute sich darüber. Am Abend suchten sie einander, um noch kurz allein im Garten zu sitzen, und sorgten dafür, daß sie ungestört waren. Und, wahrlich, sie küßten sich oder redeten dann, wie es nur die jungen Leute tun. Das also war der „Engel von Straßburg". So waren ihre Namensschwester und ihr geliebter Mann. Die Eheleute waren anders als sie und Martinus. Denn Martinus und sie liebten es, allein etwas anzupacken, und es war ihnen fremd, sich bei der Hand zu halten oder beieinanderzusitzen.

Katharina und Matthias Zell reisten gerade noch rechtzeitig ab, um nicht von der Ruhr angesteckt zu werden. Fast keiner in Wittenberg blieb von dem schlimmen Durchfall verschont. Es erwischte auch alle im Schwarzen Kloster. Der Doktor, Katharina, die Studenten, Wolf und die Magd samt allen Kindern – alle waren bleich und schwach, obwohl Katharina dafür sorgte, daß alle genug aßen und tranken.

Lene, inzwischen des Hühnerschlachtens kundig und den Kinderschuhen entwachsen, hatte sich den Professor Ambrosius Berndt ausgesucht und ihm bereits die Ehe versprochen. Luther erfuhr es später, als Ambrosius mit ihm sprach und seine Absichten vortrug. Luther blieb nichts anderes übrig, als in die Heirat einzuwilligen – trotz einer zu jungen Braut und grassierender Ruhr.

„Frau Cranach hilft mir beim Hochzeitskleid, und ich bin schon alt genug", sagte Lene zu Katharina. Lene hatte damit gerechnet, daß Katharina eine so frühe Ehe nicht recht wäre. Aber da hatte sie weit gefehlt. „Wenn es denn so ist, Lene, so wollen wir feiern und fröhlich sein." Und Katharina plante Verlobung und Hochzeit mit einem Aufwand, wie sie es auch ihren eigenen Kindern angedeihen lassen würde.

Die größte Schlacht mußte sie jedoch mit ihrem Mann ausfechten. Als er das Brautkleid mit seinen Borten und Rüschen sah, fand er, daß es sich nicht zieme, darin ehrenhaft zu heiraten. Aber Katharina zählte ihm alle Mädchen in ganz Wittenberg und weit darüber hinaus auf, die ebensolche Kleider getragen hätten, und deshalb habe sie nicht der Blitz erschlagen! Ihr Mann tobte, sie müßten sich nicht die verderbte Welt zum Vorbild wählen. Lene begann zu weinen, sie fürchtete, alle Borten müßten wieder abgetrennt werden, und Luther war dies recht. Aber am Abend hörte man aus dem Schlafgemach der Eheleute Katharina wie eine Löwin brüllen: „Was denkt Er sich! Will Er dem Kind die Freude nehmen? Soll sie an ihrem Festtag etwa in einem Nonnenkittel laufen?"

Um des Friedens willen sagte Luther nichts mehr zum Kleid. Lene mußte aber noch viele Ermahnungen bis zur Hochzeit von ihm anhören, während Katharina darauf achtete, daß Lene alle anfallenden Hausfrauentätigkeiten beherrschte. Lene war lerneifrig und fleißig wie noch nie. Bald würde sie das Schwarze Kloster verlassen müssen und zu Ambrosius ziehen. Für die Borten und Rüschen, die nicht weichen mußten, war sie Frau Katharina dankbarer als für die gesamte Fürsorge der letzten Jahre.

Die Ruhr war noch nicht vergessen, da wurde Wittenberg 1539 von einer neuen Pestwelle überrollt. Wieder wurde das Schwarze Kloster zum Spital, wieder sorgten sich Katharina und Martinus um Kinder und Freunde. Der kleine Paul und Maruschel waren auch kränklich geworden, und Katharina wandte alle Sorgfalt auf, daß sie nicht noch zusätzlich an der Pest erkrankten. Sie rieb alle Kinder Abend für Abend mit Rosenwasser ab und verbat sich jede Kritik über diese teure Vorsorge.

Trotz Pest hatte Luther Grund, stolz zu sein, denn sein ältester Sohn Hans wurde mit dreizehn Jahren an der Universität zum Baccalaureus promoviert. Von diesem Zeitpunkt an war er für Martinus kein Kind mehr. Für Katharina blieb er jedoch ein Kind, auch wenn sie ihm nicht mehr in die Haare fassen durfte oder mit ihm schaukeln konnte. Da konnte der junge Herzog ihren Sohn noch so ermahnen, daß er dem Vater nacheifern solle!

Aus dem Freundeskreis starb das Juristenehepaar Münsterer, und ihre vier Kinder kamen ins Schwarze Kloster.

Weihnachten 1539 feierten Luthers ihr Weihnachtsfest mit gut zwanzig Leuten. Alle wohnten im Schwarzen Kloster und hatten kein anderes Zuhause. Die Pest hatte sie wieder zusammenrücken lassen; doch in allem Leid stand die Weihnachtsbotschaft als tröstender Friedensengel in ihrer Mitte. Katharina hatte ihren Töchtern Lenchen und Maruschel Bänder ins Haar geflochten. Auch die Mädchen vom verstorbenen Ehepaar Münsterer wurden geschmückt und durften als Engel verkleidet auftreten. Es waren die ersten Tage, an denen sie sich wieder freuten. Das war für Katharina, als ob sich der Himmel aufgetan hätte, denn die Kinder lernten wieder zu lachen.

„Martinus, es ist ein reicher Schatz, daß Ihr uns das Krippenspiel geschenkt habt. Die Kinder können nun erleben und nachempfinden, wie barmherzig Gott ist." Katharina lobte ihren Mann oft, und sie wußte, daß seine Worte nicht nur für die Familie, sondern viel mehr noch in der Welt gebraucht wurden. ‚Darum werde ich mir meinen Doktor hüten wie einen Augapfel, wie ein Kind', dachte sie. Und sie tat es.

Die Kinder befanden sich noch Anfang Januar im Weihnachtsglück, denn jedes hatte ein Spielzeug bekommen, und täglich machten Pferd, Schlittschuhe, Puppenstube und Wintermantel neue Freude und wurden stolz präsentiert. Das jüngste der Kinder, Maruschel, war schon fünf Jahre alt. Ein Student hatte ihr ein Bilderbuch auf dicke Pappe gemalt, das alle Tiere und viele Pflanzen enthielt, die im Schwarzen Kloster waren. Nun konnte sie nicht damit aufhören, anhand des Buches die Tatsachen zu erforschen. Sie bat jeden, der sich nicht wehrte, ihr in Natur zu zeigen, wo die Pferde, die Hühner und die Eulen aus dem Buch waren. Und sie lernte noch etwas anderes dabei: Vieles war nur im Buch zu sehen, in Wirklichkeit schlief so manches noch, obwohl es Tag war. Die Veilchen schliefen im Dreck, die Äpfel schliefen in winzigen Knospen, die Mäuse schliefen dauernd – und niemand konnte sagen, wo –, die Küken schliefen in kleinen Eiern im Bauch der Hennen, und die Schwalben waren weit weg spazierengegangen.

Katharina hatte gedacht, Maruschel würde das jüngste Kind bleiben, aber sie wurde immer sicherer, daß bereits drei Monde verstrichen waren und sie nicht mehr geblutet hatte. Erst glaubte sie, es läge daran, daß sie wie alle stark abgenommen habe und zu kraftlos sei. Aber sie fühlte seit mehreren Tagen starke Schmerzen rechts über der Leiste und tief im Becken. Doch sie sprach nicht darüber, denn es war keine Zeit, und Tante Lene war im Himmel und nicht mehr so resolut und hilfreich zugegen.

Dann kam der Tag, zu dem Paul und Lenchen sagten, daß Mutters Schuhe geblutet hätten. Den ganzen Weg von der Küche über den Hof, die Treppe hinauf und bis vor Mutters Bett bluteten beide Schuhe. Selbst als die Magd die Schuhe unter dem neuen Brunnen auswusch, dauerte es lange, bis das Wasser endlich heller wurde. Als die Schuhe aufhörten zu bluten, begannen die Bettücher zu bluten – zwei Wochen lang. Noch nie war das Gesicht der Mutter so weiß. Noch nie sahen sie den Vater zuvor mit verweinten Augen, und er ermahnte alle, für seine liebste Frau zu beten. Er verschonte von dieser Pflicht weder Freunde noch Gottesdienstbesucher.

Es war die Zeit der Frauen. Sie kamen, brachten Getränke und Speisen, und selbstverständlich nahmen sie sich der Kinder an.

Dann kam endlich der Tag, an dem Doktor Martinus Gott dankte, daß er seine geliebte Käthe aus dem Totenreich zurückgeholt habe; auch die Kinder schöpften Hoffnung. Aber ihre Mutter lag immer noch im Bett, und es war das erste Mal, daß an ihren Händen die Adern durchschienen.

Katharina hatte schon drei Wochen gelegen; langsam drang Streit an ihre Ohren, und sie hörte morgens die Kühe schreien, wenn sie nicht rechtzeitig gemolken wurden. Da hielt sie es nicht länger im Bett aus. Sie schob ihre Beine auf den Boden und fiel, ehe sie stand, um.

Ave hörte davon und kam mit ihren Kindern ins Haus, bis Katharina wieder das Laufen gelernt hatte.

Doch schlimmer, als noch nicht laufen zu können, drückten Katharinas Brüste auf ihre Seele. Sie waren voll Milch und bis zum Hals geschwollen. Es schmerzte sie, die Arme zu bewegen – die Arme, die sonst ein Kind hielten. Sie, die immer froh gewesen war, genug Milch zu haben! „Mir ist, als ob die Teufel über mich spotten, und keiner ist, der mich trösten kann“, sagte sie zu ihrem Mann und verstand zum ersten Mal, was er empfand, wenn er klagte, daß ihn die Teufel marterten. Und zu der Stunde lernte sie einen anderen Martinus kennen: Er beschwor ihr die Qualen, die er die letzten Tage um sie durchlebt hatte, und sagte ihr, welch großes Wunder es sei, daß sie noch lebe. Er legte seinen Kopf an ihre Brust und schmeckte die süße Milch und wußte nicht, daß sie süßer war als jede Milch, die er je trank. Sie vermischte sich mit den vielen Tränen seiner Frau, die noch nie um ihrer selbst willen geweint hatte. Und er begriff, was Paulus meinte, als er von der ersten Milchspeise der Christen sprach und davon, stark genug zu sein, um auch feste Speise zu sich zu nehmen. Auch zu Tränen mußte ein wahrer Christ bereit sein. „Meine arme, kleine, meine liebe Frau", sagte er zu seiner Käthe.

Es war das erste und letzte Mal, daß Luther zu seiner Frau „arm" und „klein" sagen durfte. Denn wieder halbwegs bei Kräften, wäre sie ihrem Mann deswegen ins Gesicht gesprungen. Sie war weder arm noch klein! Reich war sie durch Martinus und groß durch Gott. Da behaupte keiner das Gegenteil!

Es dauerte noch wenige Tage, dann sagte Katharina: „Nun habe ich wieder die Zügel in der Hand und kann der ungehorsamen Magd zürnen." Ihrem Mann fiel ein Stein vom Herzen.

Diese Tage vergaßen weder Katharina noch Martinus. Und so fand jeder einen Weg, seiner herzlichen Zuneigung Taten folgen zu lassen.

Katharina tat es, indem sie für die große Eingangstür des Schwarzen Klosters ein hohes Sandsteinportal in Auftrag gab. Sie fragte ihren Mann nicht darum, denn sie wollte es ihm zum Geburtstag schenken. Es entstand nach ihrem Entwurf: Zu beiden Seiten des Tores war eine überdachte Sitznische. Umspannt wurde das Tor von einem spitz zulaufenden Torbogen, der in der Höhe geschwungene, sich kreuzende Reliefs enthielt. Einzigartig waren die eingearbeiteten Kreuze über den Dächern der Sitznischen. Sie durchbrachen die Symmetrie und fanden sich doch in der Verlängerung der nach oben weisenden Querbalken in der Mitte des Portals wieder.

Martin Luther wurden durch die Krankheit seiner Frau die Augen für die Grenzen ihrer Kräfte geöffnet. Er begriff, daß das Schwarze Kloster zwar ihre gemeinsame Heimat war, seine Frau darin aber nie zur Ruhe kommen konnte. Als einer von Katharinas verarmten Brüdern sein Gut in Zülsdorf nahe dem Geburtsort Katharinas verkaufen wollte, wußte er, was seiner Frau guttun würde und womit er ihr eine unbändige Freude bereiten konnte. Siebenhundert Gulden kostete das Gut. Mit viel Anstrengungen und dem hilfreichen Kurfürsten erfüllte Luther den Herzenswunsch seiner Frau.

Die vier Waisenkinder, die Luthers im Jahr zuvor aufgenommen hatten, konnten nun zur Familie Melanchthons. Die Frau hatte sich dazu bereit erklärt, weil ihr Mann genug verdiente und genug Platz in dem großen Haus war. Katharina packte für jedes Kind noch ein gutes Kleiderbündel zusammen und nahm auch Hirse, Mandeln und Pflaumen mit zu Melanchthons, damit fürs erste etwas zu beißen da war. Sie war froh, daß die kühle und oft übelgelaunte Frau sich bereit erklärt hatte, für die Kinder zu sorgen. Und eine gute Mutter war sie. Das konnte niemand bezweifeln, sah man sie doch nie tatenlos herumsitzen.

Im Sommer 1540 packte Katharina das erste Mal den Wagen, um nach Zülsdorf zu fahren: Sämereien, Lebensmittel, einige Hühner und eine trächtige Sau hatte sie dabei. Sie spannte die Pferde ein und band zwei Ziegen hinter der Plane fest, damit sie mitlaufen konnten. Lenchen kümmerte sich um die aufgeregten Geschwister Martin, Paul und Maruschel. Sosehr sie versuchte ruhig zu bleiben, sagte sie doch immer wieder zu ihrer Mutter: „Ich bin so aufgeregt, ach, Mutter, ich bin ja so aufgeregt.“

Hans mußte zurückbleiben, weil er schon ein Mann war und die Universität besuchte. Wie gerne wäre er mitgefahren! Die Mutter hätte ihn sicher gebraucht. Aber nun stand er da und hatte kein einziges wunderbares Wort wie sein Vater auf den Lippen.

Eine ehemalige Nonne sollte den Haushalt im Schwarzen Kloster weiterführen, während seine Mutter weg war. Aber er mochte sie nicht. Sie nahm sich bei den Mahlzeiten das beste Stück, übersah die Kinder und ruhte sich aus, während die andern arbeiteten. „Ich merke nichts davon, daß sie eine Klostererziehung hat“, hörte Hans seine Mutter sagen, bevor sie den Wagen bestieg. Aber sein Vater bestand darauf, der Frau Gelegenheit zu geben, sich zu beweisen. Schließlich sei Rosina ja auch von edler Herkunft und zu bedauern.

Lenchen trat zu ihrem Bruder: „Ich werde dich nicht vergessen, mein liebes Hänschen“, beteuerte sie und hängte sich an ihn, damit er die Arme um sie lege. Aber er hatte gelernt, daß sich das nicht schickte, und war doch glücklich, wenigstens von seiner Schwester getröstet zu werden.

Katharina und Luther küßten sich zum Abschied immer wieder beide Hände. Katharina, weil sie so dankbar war, aufs Land in ihr eigenes Reich ziehen zu können, Martinus, weil ihn doch Zweifel überfielen, ob er ohne seine Frau zu Rande käme.

Dies war die glücklichste Fahrt ihres Lebens. Sie vermißte zwar ihren lieben Mann, aber die Kinder befragten sie unentwegt: „Mutter, wie sieht es da aus? Sind dort auch so süße Kirschen wie in Melanchthons Garten? Gibt es einen Teich zum Baden? Dürfen wir im Stroh herumspringen? Und warum, Mutter, mußte Tölpel in Wittenberg bleiben und durfte nicht mit?“

Katharina konnte nur auf die letzte Frage der Kinder eine sichere Antwort geben. Und sie konnte den Kindern erst jetzt die Wahrheit sagen, warum sie mit tausend Ausreden wünschte, Tölpel bliebe in Wittenberg. So sagte sie den Kindern: „Wer wäre bei Hans, wenn nicht Tölpel da wäre? Wer würde ihn trösten? Wer würde versuchen, ihn vor Freude umzuwerfen, wenn er heimkommt? – Sagt mir: Hätten wir Tölpel mitnehmen dürfen?“ Da wurden die Kinder still und konnten ihr schlechtes Gewissen, ohne ihren Bruder gefahren zu sein, loslassen.

Katharina fuhr langsam. Die Ziegen durften sich nicht die Hufe verletzen, und die Sau war aufgeregt. Alle zwei Stunden wurde Rast gemacht, alle bekamen etwas zu essen, und ehe die Reise weiterging, stellten sie sich zusammen, falteten die Hände und beteten. Katharina ging wie üblich noch zu jedem Tier, segnete es und dankte Gott.

Nach zwei Tagen näherte sich das Fuhrwerk Lippendorf, der Geburtsstadt Katharinas. Sie lenkte die Pferde von der Hauptstraße ab, und nach gut einer Stunde lag im Sonnenschein vor ihnen ihr Anwesen.

In Zülsdorf die Mutter finden (1540-1545)

Was zuerst machen? Die Ziegen anpflocken? Für die Sau einen Verschlag suchen? Die Kinder waschen? Das Haus inspizieren, in dem noch ein alter Knecht mit seiner Frau leben sollte?

Als Katharina abstieg, war sie so müde, daß sie in ihrem Reiserock erst einmal auf die Knie ging, den Kopf auf die Erde legte und mit einem alten lateinischen Reisegebet Gott dankte. Dann sah sie ihre Kinder an. Sie waren voller Erwartung und standen doch wie angewurzelt da. „Alles, was ihr seht, ist unser! Des Doktor Martinus und mein Eigentum. Freut euch, freut euch!" Und da faßten sie sich an den Händen, hüpften im Kreis und lachten und schrien durcheinander, wie sie es sonst nur beim Baden in der Elbe taten.

Dann schwärmten die Kinder aus: in die Kammern, Ställe und Gärten. Und selbst Maruschel mit ihren sechs Jahren verkündete: „Das", und sie meinte damit die Tür zum Garten, „müssen wir heilemachen."

Der alte Knecht und seine Frau hatten sich in einem Schuppen am Hang mit undichtem Dach und feuchten Wänden eingerichtet. Es sah aus, als ob sie im vergangenen Jahr keinen Handschlag gemacht hatten. ‚Das wird sich ändern', dachte Katharina.

„Wenn du arbeiten willst, stelle ich dich auch ein", sagte Katharina zu der Frau. Sie nickte. „Dann kümmert euch gleich um die Sau und räumt noch heute allen Unrat von den Wegen."

Die Kinder wollten den Tisch sehen, von dem ihre Mutter gesprochen hatte. Und sie fanden ihn. Martin und Paul entdeckten den großen Steintisch im Garten. Daran hatte sich die Mutter erinnert: „Wenn ich als Kind bei meiner Tante in Zülsdorf zu Besuch war, saß ich im Sommer immer im hinteren Garten an einem großen Steintisch. Er war von der Sonne aufgeheizt, und wenn ich mich darauflegte, konnte ich nicht von einem Ende zum andern reichen."

Lenchen, Martin, Paul und Maruschel konnten sich gleichzeitig auf den warmen runden Steintisch legen.

„Und Tölpel hätte auch noch Platz!" Martin tat gleich leid, was ihm da rausgerutscht war. Aber Katharina lachte nur: „Habe ich euch zuviel versprochen, was diesen schönen Tisch angeht?"

„Nein, Mutter, nein, der Tisch ist wirklich die Ofenplatte der Sonne."

Katharina fiel ein, daß sie als Kind gerne an dem Tisch auch gegessen hätte, aber es wurden an ihm nur Arbeiten verrichtet. Und so fragte sie die Kinder: „Wollen wir an dem Tisch zu Abend essen?"

Sie hätte sicher nicht zu fragen brauchen. Zuvor sollten die Jungen aber noch mit Hölzern das Moos vom Tisch kratzen, mit Hühnerflügeln die Platte abfegen und mit klarem Wasser nachspülen. Sie gingen gleich los, um alles zu holen. Katharina dachte daran, daß sie als Kind gerne an dem Tisch saß und auch immer wünschte, eine Mutter zu haben. Sie sah ihre Töchter an und dachte auch an Elisabeth, die jetzt schon dreizehn Jahre alt wäre.

„Lenchen", sagte Katharina, „wenn wir wieder nach Wittenberg zurückfahren, wird es für dich bald Zeit, eine kleine Haube zu tragen. Du bist bald zwölf Jahre alt."

Lenchen schaute ihre Mutter verwundert an. Doch dann sprach die Mutter noch weiter, und das mußte an dem warmen Tisch gelegen haben, denn da sprach sie noch oft ganz anders mit ihren Kindern.

„Ich möchte nicht allein, weil es schicklich ist, daß du eine schöne Haube bekommst. Nein, ich verabscheue es, wenn ihr an euren schönen Zöpfen gezogen werdet. Ich hatte als junge Frau einen kahlgeschorenen Kopf als Zeichen der Gotteshingabe. Die Haare auf den Köpfen der Mädchen sind ein Gottesgeschenk. Ich will nicht, daß meinen Töchtern daran gezogen wird. Lenchen, du sollst ganz in Ruhe und Andacht zur Frau werden können, und keiner soll dich kränken."

Sie holten die beiden Ziegen und banden sie nahe beim Tisch fest, damit sie das hohe Gras abfraßen.

Als der Tisch gedeckt war, sprach Katharina das Tischgebet, und wenn nicht Martinus und Hans gefehlt hätten, hätte Katharina geglaubt, schon im Paradies zu sein.

In Zülsdorf war vieles anders und doch so, als ob es immer so sein müßte. Am Abend betete Katharina noch mit jedem Kind. Sie erfand dazu das „von Herzen beten". Sie erklärte den Kindern, daß man Gott alles sagen kann. Man darf sogar stottern oder sich beklagen. Denn im Wort Gottes steht, daß man das Herz vor Gott ausschütten soll. Und so war es dann auch. Alle konnten abends das Herz ausschütten. Katharina wünschte, Martinus würde es hören. Aber so setzte sie sich jeden Abend hin, um ihm zu schreiben.

Zülsdorf – das war auch: Lenchen und Mutter. In Wittenberg war Lenchen stets in eine Kinderschar eingebettet, und ihre Mutter war von Gästen umgeben. Aber hier waren Mutter und Tochter bald unzertrennlich. Abends saßen sie noch auf dem warmen Steintisch, und Lenchen fragte ihre Mutter: „Hilfst du mir, den rechten Mann zu finden?"

Katharina nahm die Hand ihrer Tochter und sagte: „Wer könnte den rechten Mann finden, wenn nicht Gott schon alles vorbereitet hätte? Sieh, irgendwo läuft er schon herum. Er hat Augen und Ohren und einen Mund. Du mußt nichts mehr dazutun. Vielleicht wird er so wunderbar sein wie der Wind, der die Halme zum Schwingen bringt. Eine solche Liebe gibt es, Lenchen."

Und sie dachte an Hieronymus. „Aber dann, glaube mir, wird dein Herz lauter sprechen, als ich es je kann."

„Du meinst, ich würde gegen deinen Willen...?"

„Gegen meinen Willen kannst du gar nicht heiraten, meine liebe Magdalene, denn ich werde immer deine Mutter sein, die dich liebt."

Katharina machte in Zülsdorf alles andere als Urlaub. Sie bestellte Bauholz für die Scheune, denn wohin sonst sollte das Heu, das sie gesenst hatte und das nun gewendet wurde? Und dann war da noch etwas, das sie erstaunte: Die Menschen kümmerten sich nicht um Gottes Anliegen. Oft gingen sie nicht einmal in die Kirchen und pflegten alte Bräuche.

Es waren ihre Kinder zwischen fünf und elf Jahren, mit denen sie reden konnte. Offen und ehrlich stellten sie ihre Fragen. Und sie redeten in einer Woche mehr mit der Mutter als sonst einen ganzen Sommer lang. Das erste Mal erfuhren sie von der Mutter, wie sie ihre Kindheit verbrachte und wie sie jeden Winter im Kloster fror. „Auch euer Vater fror, als er Mönch war."

Die Kinder schüttelten sich bei der Vorstellung, freiwillig zu frieren. Maruschel fragte ihre Mutter, wie kalt ihre Füße dann waren. So wie das Brunnenwasser, wenn es ganz frisch ist? Katharina bejahte. Lenchen staunte: „Dann hast du immer an die Füße denken müssen, statt beim Beten an Gott zu denken?"

Katharina erzählte darauf folgende hilfreiche Geschichte: „Als es wieder so kalt war und ich tagelang meine Füße nicht mehr spürte, sondern nur die Stiche, wenn ich ging, beobachtete ich die Meisen im Klostergarten. Sie hüpften über Eis und Schnee und waren doch munter. Da beschloß ich, es ihnen nachzumachen. Ich stellte mir vor, ich sei ein Vögelein. Meine Federn hielten mich schön warm. Und Füße hatte ich gar keine. Ich hatte also Vogelbeine. Und die frieren nicht. Abends kuschelte ich mich unter meiner dünnen Decke in meine warmen Federn, und meine Vogelbeine konnten getrost auf einem kalten Ast sitzen.

Meist war ich eine Haubenmeise oder ein Kiebitz, weil ich auf meinem Kopf auch noch den Druck meines Schleiers spürte. Und es ging mir gut so. Richtig gut, denn Gott hat auch den kleinsten Spatz lieb und sorgt sich um ihn."

Die Kinder staunten. Mutter konnte so schön erzählen. Aber sie erzählte nur, wenn man sie fragte. Anderes bestimmte sie einfach. So zum Beispiel, daß zum Mittagsmahl der alte Knecht und seine Frau zugegen sein sollten. Ebenso alle, die sich gerade in Haus und Hof aufhielten. Die Kinder machten lange Gesichter. Aber ihre Mutter fragte die Kinder nur: „Habt ihr die beiden einmal lachen oder beten sehen?" Daran konnte sich keines erinnern. Deshalb waren sie ihnen ja so unheimlich. „Seht, dann wißt ihr jetzt, was ihr ihnen beibringen müßt!"

Als die Ernte eingebracht war und der Wintervorrat für die Schweine und Ziegen, als auch genug Holz für die Alten, Heringe, Kraut und Mehl beieinander waren, packte Katharina ihren Erntewagen und fuhr mit ihren Kindern zurück nach Wittenberg, wo ihr Martinus und jede Menge Arbeit auf sie warteten. Die ehemalige Nonne Rosina von Truchseß hatte sich inzwischen aus dem Staub gemacht. Sie war nie Nonne gewesen, sondern die Tochter eines erschlagenen Bauern. Das wäre ja nicht so schlimm gewesen, aber sie log und stahl und wurde obendrein noch schwanger, ohne die Absicht zu ehelichen. Doch um eine solche Rosina von Truchseß brauchte sich niemand zu sorgen, denn ihre Geschichte glaubten nach Luther noch viele andere Pfarrer, und so lebte sie ganz vergnügt in vielen Städten.

Katharinas liebster Mann war während ihrer Abwesenheit gar manchem Betrüger aufgesessen, und als ein erbarmungswürdiger englischer Bettler an seine Tür klopfte, bekam er von Luther ein ordentliches Mahl und guten Wein. Daß der Mann einen Säugling unter seinem Mantel trug, den er danach wie ein Trinkgeld zurückließ, hätte Luther nicht geglaubt, wenn er nicht selber den armen Wurm verlassen in seiner Küche gefunden hätte.

Er sorgte dafür, daß das Findelkind nach Nürnberg in ein Waisenhaus kam, und zahlte Kostgeld für ihn.

Es war Herbst, und Katharina hatte Mühe, in Ställen und Gärten Ordnung zu schaffen. Wie ein unsichtbares Band war seit den Tagen in Zülsdorf eine tiefe Zuneigung zwischen Katharina und ihrer ältesten Tochter gewachsen. Und sie zeigten sich gegenseitig, was sie Schönes sahen und erlebten.

Dann kam die Zeit der Honigernte. Und sie war in dem heißen Jahr ein überreicher Segen. Obwohl Katharina alles vorsichtig in Töpfen zur Zentrifuge trug, klebten doch tagelang Schuhe und Möbel vom wertvollen Gold. Ave erhielt wie jedes Jahr einen großen Topf Honig, und sie dachten beide kurz an die Zeit, als Katharina frisch verlobt war und schon von zukünftigen Schweinen und Bienen sprach. „Ich werde im zeitigen Frühjahr wieder nach Zülsdorf fahren. Ich werde es so planen, daß ich schwärmende Bienen von hier mitnehme, denn dort gibt es weit und breit keine Bienenvölker." „Ach, Katharina, hast du je eine Nacht länger als fünf Stunden geschlafen?" fragte die Freundin. „Oh ja", antwortete Katharina, „und du, meine liebste Freundin, mußtest mir hinterher beibringen zu gehen. So viel will ich nie wieder schlafen müssen."

Als Katharina Aves Mann sah, erschrak sie: unter tiefem Husten krümmte er sich und hatte entzündete Augen. Also redete sie so lange auf Cranachs und Ave ein, bis ihre Freundin gewillt war, mit ihrer Familie bis zum Einbruch des Winters nach Zülsdorf zu fahren. Paul und Maruschel durften mit, sie waren zwar klein, aber sie zeigten doch schon den Weg und achteten darauf, daß alles recht gemacht wurde. Katharina gab für Wolf und die Magd noch Speck und Wein mit. Sie sollten es gut haben und sehen, daß auch zum nächsten Jahr genug Speck bei ihnen hängen würde – wenn sie die Schweine gut fütterten.

Katharina sah zu, daß sie noch die Bestellung von Weinbergpfählen und Pfropfreisen zustande brachte. Lauterbachs bemühten sich redlich darum, alle Aufträge Käthes bestens auszuführen. Sie wollten jedoch nie Geld dafür, und Luther wußte nicht, wie er es gutmachen sollte. Vom alten Gabriel Zwilling, den Katharina am Ostermorgen nach ihrer Flucht das erste Mal sah, bestellte sie eine neue Wäschetruhe. Die erste von ihm war wurmstichig geworden. Hatte er einmal eine gezimmert, würde ihm auch eine zweite gelingen. „Aber ohne eiserne Beschläge", bat Katharina, „sonst bekommt das Leinen wieder Rostflecken."

Der Kurfürst zeigte sich nicht nur großzügig, wenn Luther oder Katharina krank war. Auch bei Katharinas Heimkehr nach Wittenberg sandte er Braugetreide, Ochsenfleisch, Heu, Holz, Karpfen, Wild und Hühner.

Als der Wittenberger Winter vorüber war, die Fässer voll frischem Bier im Keller lagen und die Gärten bestellt waren, legte Katharina schon die Sämereien, Handwerkszeug und Vorräte für Zülsdorf zurecht. Dann kam der Tag, an dem die Bienen schwärmten. Luther nahm dies als Bild dafür, wie alle Gott dienen und ihn loben sollten. Für Katharina war es das Zeichen aufzubrechen.

Das summende Bienenvolk im Kasten begleitete nun zwei Tage lang Katharina und ihre Kinder auf der Fahrt nach Zülsdorf. Zusätzlich hatte sie zwanzig gute Eier zum Brüten mitgenommen, weil kein Hahn auf Zülsdorf war. Die Kinder hielten abwechselnd die Eier, die weich eingepackt in einem Korb lagen.

Die Tage in Zülsdorf waren wieder voll Arbeit und Ruhe. Die Scheune konnte endlich gebaut werden. Ebenso wurde ein Baderaum eingerichtet, und Lenchen und Martin halfen der Mutter beim Dachdecken. Niemand weiß mehr so recht, wer ihnen Enteneier gebracht hatte. Aber Paul hatte sie einer Glucke untergelegt, und nun ging er morgens und abends mit acht Enten zum Weiher. Die Tiere vergnügten sich in dem Sumpf und folgten Paul auch wieder artig nach Hause.

In den Abendstunden wurden die Näharbeiten hervorgeholt, und darüber erzählten sich Mutter und Kinder in vertrauter Runde von den großen und kleinen Dingen des Lebens. Immer öfter kam auch Besuch nach Zülsdorf, der sich an allen anfallenden Arbeiten beteiligte.

An einem Nachmittag lief Maruschel aufgeregt zur Mutter: „Du bist oben. Oben auf dem Dach!"

„Aber Maruschelchen, ich bin doch hier."

Doch Maruschel gab keine Ruhe: „Selber mußt du es sehen!"

Katharina war gerade dabei, ein selbstgeknotetes Netz über den Hühnergarten zu werfen, damit die Habichte nicht noch mehr Hühner rissen, nun mußte sie sich von Maruschel ins Haus schleifen lassen. Es ging die wackeligen Treppen hinauf zum Dachboden. Und da lag staubig und ohne Rahmen ein Bild. Maruschel zeigte darauf: „Das bist du, Mutter." Es war Mutter Katharina. Aber nicht, wie es sich Maruschel gedacht hatte. Das Bild zeigte Katharinas Mutter.

„Das ist ein Bild von deiner Großmutter", stellte Katharina klar. Sie sprach weiter zu ihrer Tochter und legte das Bild ins Licht, um es genauer sehen zu können. Während sie mit dem Kind redete, dachte sie jedoch etwas ganz anderes: ‚Hier ist also meine Mutter! Und ich dachte immer, ich hätte keine Mutter gehabt!'

Gemeinsam schleppten sie das Bild nach unten; Lenchen säuberte es und staunte, wie ähnlich sich Mutter und Tochter waren. Sie konnte sich nicht erklären, warum es so achtlos weggelegt wurde. Und Katharina erklärte: „Wahrscheinlich wurde das Bild ausquartiert, als Vater neu heiratete. Es sollte wohl die schmerzlichen Erinnerungen nehmen." Sie konnten sich das alles nicht erklären und beschlossen, sich bei Katharinas Bruder Hans zu erkundigen.

Für Katharina stand eines fest: „Lenchen", sagte sie an dem Abend zu Magdalene, „wenn wir wieder in Wittenberg sind, möchte ich, daß Vater Cranach ein Bild von dir malt. Martinus brauchen wir deswegen nicht zu fragen, der findet es nur hoffärtig. Aber ich hätte gerne von meiner lieblichen Tochter ein Bild, weil mich heute das treffend gemalte Bildnis meiner Mutter angerührt hat."

An einem Nachmittag – die Enten waren noch lange nicht schlachtreif, und Katharina war zum Markt gegangen – kam ein Bote herangesprengt, wie sie sonst nur zu einem Königshof reiten. Die alte Magd schlug das Kreuz und fürchtete Tod und Teufel. Briefe und Waren wurden zwischen den Eheleuten immer per Boten ausgetauscht, aber nicht in solcher Eile mit zerschundenem Pferd und Geschrei, ehe abgesessen wurde.

Die Alte war hilflos, denn weder sie noch ihr Mann waren des Lesens kundig, und so warteten sie voller Sorge, bis endlich die Herrin kam und Katharina die Nachricht ihres lieben Martinus las: „Verkaufe und bestelle, was du kannst, und komme heim. Denn als mich's ansieht, so will's Dreck regnen." Katharina wußte, was mit diesen Zeilen ohne Anrede und Gruß gemeint war. Die Türken kamen näher, und Heinrich von Braunschweig machte zusätzliche Schwierigkeiten. Martinus hatte Angst um seine wehrlose Familie in Zülsdorf. Katharina seufzte, mehr Aufregung konnten ihr die Alten nicht anmerken. Dann begann sie zu planen: Sie erklärte den Alten, was zu tun sei, und wenn sie fliehen müßten, sollten sie nach Wittenberg zu ihr ins Schwarze Kloster kommen. Sie übte noch mit dem Knecht, wie er im Herbst die Waben aus dem Bienenhaus holen mußte, und zeigte ihm, wie die Honigschleuder zu bedienen war. „Dies ist pures Gold", bleute sie ihm ein. „Und immer wenn euch beiden die Angst ankommt, dann betet! Damit habt ihr ein besseres Schwert als alle Türken. Vergeßt nicht die Hilfe Gottes – und schützt mir mein Zülsdorf."

Paul hatte einen Kasten aus geraden Ästen gebaut und ihn an den Ecken mit Weiden verknotet. Darin schnatterten nun die

Enten und steckten ihre Köpfe durch die Ritzen. Katharina bangte auf der Fahrt zum ersten Mal um ihr Geld. Sie hatte zwölf Schweine verkauft und zwei trächtige Ziegen. Sie fühlte den schweren Geldsack an ihrer Hüfte baumeln. Wehe, solch ein fauler Heide würde an ihr Geld wollen! Schon allein die Gedanken genügten, um bald im Sitzen, dann wieder im Stehen die Pferde auf der Fahrt anzuspornen, und Lenchen und Martin hörten auch, wie die Mutter ab und zu fluchte. Ein „Vergib mir, gnädiger Gott" schloß sich gleich an. Noch oft hörten die Kinder die Bitte um Vergebung, und sie fühlten sich bald alle so ernst wie sonst immer in Wittenberg.

Katharina kam nach Wittenberg, wo sich Martinus und Käthe aufs herzlichste umarmten. Es war gut, beieinander zu sein und gemeinsam allem die Stirn zu bieten.

Katharina war also gekommen. Aber die Türken kamen nicht.

Im nächsten Jahr, 1542, wurde Hans Luther zusammen mit seinem Vetter Florian von Bora in die angesehene Schule nach Torgau gebracht. Der Leiter der Schule, Markus Cordel, sollte Luther berichten, welche Fortschritte sein Sohn machte.

Katharina wußte nicht, wie sie sich von ihrem Sohn verabschieden sollte, war ihr doch bewußt, daß kein Tag verstreichen würde, ohne daß er Heimweh hätte und er sich dessen von Herzen schämte. „Die Kinderzeit wurde ihm weggerissen, ehe er einen Zahn verlor", beklagte sich Katharina bei ihrem Mann. Doch der fuhr sie an, daß sie Memmen erziehen und keine Söhne haben würde, wenn sie so daherschwätze, und daß sie ruhig sein solle, redeten doch alle über sie, wie sehr sie seine Söhne verhätschele.

Die Mutter packte ihrem Sohn Honig, Tinte, Papier und einige Trostschriften der lieben Katharina von Zell ein. „Ihr braucht nicht so viel zu weinen", sagte sie zu ihrem Sohn. „Ich nehme euch einen Teil der Tränen ab. Und gedenke all der lieben Freunde, die wir in Torgau haben. Grüß mir die Koppes und den alten Gabriel Zwilling."

Für Zwilling hatte sie ein Faß Bier mitgegeben, und Koppes bekamen die Hälfte der zahmen Enten. Die restlichen Enten blieben am Teich beim Saumarkt. Dort hatten sie nach der Ankunft aus Zülsdorf ihr neues Zuhause gefunden. Paul zeigte seinem Bruder zum Abschied noch einmal seine Entenschar und taufte die größte Ente auf den Namen „Hans" – nach ihm, seinem geliebten großen Bruder. Dabei war er Pate und hielt die fromme Ente. Hans war der Pfarrer und taufte sie „auf den Vater, den Sohn und den Heiligen Geist, amen".

Maruschel hatte ihrem Lieblingsbruder ein Mäppchen mit Borten und Bildern gestickt und dazu noch zehn Taschentücher. So gestärkt, wurden Hans und Florian von Doktor Martinus Luther höchstpersönlich nach Torgau gebracht. Der Doktor war stolz auf seinen Jungen. Er verbot die Kontakte nach Hause. Hans sollte lernen und hart werden. Lediglich wenn er ernstlich krank würde, sollte er davon unterrichtet werden.

Luther hatte noch einige Tage in Torgau zu tun, und Katharina trug Cranach ihr Anliegen vor, doch des Luthers älteste Tochter Lenchen in ihrer Jugend zu malen. Sie flocht Lenchen ihre Zöpfe auf und kämmte die blonden Haare, die in Wellen über die Schultern bis zu den Hüften reichten. Lenchen hatte das Leibchen der Mutter an, das diese nach ihrer Flucht in Torgau getragen hatte. Durch das Waschen war die Wolle eingegangen und paßte nun dem Mädchen. Das helle Leibchen hatte dunkle Streifen und war am Hals mit einem dunklen Band genestelt. Meister Cranach legte einen schwarzen Mantel um das Kind und bat seine Frau, ein dunkles Band zu bringen und es ihr über die Haare zu binden. Er sah Magdalene aus der Entfernung an, dann ging er wieder zu ihr und legte ihre Hände so übereinander, daß sie sich vom schwarzen Tuch abhoben. Danach richtete er mit seiner Hand ihren Kopf auf, indem er unter ihr Kinn faßte und sie bat, auf die untere rechte Ecke der Staffelei zu blicken. Und er sagte: „Lenchen, nun denke dir ruhig Geschichten aus, während ich male. Eine Ecke der Staffelei ist manchmal wie ein kleines Theater."

Katharina setzte sich neben Meister Cranach. Er war bei allen Heiligen ein gesegneter Meister. Er zeichnete mit Kohle die Umrisse und arbeitete in warmen Goldtönen das Gesicht, den Hals und die Hände Lenchens heraus. Als ob sie ein weiteres Mal lebendig würde! Der Umhang verschwand im dunklen Hintergrund; nur die Haare deuteten eine Silhouette an. „Sie ist wahrlich die Tochter der ehrenwerten Katharina von Bora und meines werten Freundes Martinus Luther. Mir ist, als zeichne ich Euch vereint in Eurer Jugend. Wobei ich diese stille Fröhlichkeit Lenchens an den Eltern noch nicht bemerken konnte.“ Der Meister schmunzelte hinüber zu Katharina. Er wußte wohl, wie er sein ehemaliges adeliges Hausmädchen necken konnte. Aber ehe Katharina etwas erwidern konnte, hatte er sich wieder Magdalene zugewandt und meinte: „Die Ohren Lenchens, ich weiß nicht, wohin ich diese Ohren Eurer Tochter stecken soll. Sie gleichen weder denen der Mutter noch denen des Vaters.“ Lenchen lachte kurz auf, als sie den Meister so reden hörte. Wie schön, die Ohren gehörten ihr also ganz allein!

Als Luther endlich wieder nach Wittenberg kam, dozierte er wie üblich an der Universität, predigte, schlichtete Streit und stiftete auch weiter Unfrieden, so gut er es vermochte, was die „Irrlehren“ des Papstes anging. „Was aus Rom kommt, ist nicht mehr als die nasse Hundescheiße in den Straßen“, pflegte er auf neue Anordnungen hin zu vermerken. Katharina ließ ihren Mann gewähren. Sie hatte doch denselben Glauben und die gleiche Hoffnung wie ihr Gatte.

Melanchthon hatte im Gedanken an seinen eventuellen Tod schon 1540 ein Testament gemacht, damit seine Familie abgesichert sei. Er lag Luther in den Ohren, doch auch an seine Käthe zu denken, denn nach sächsischem Recht standen einer Witwe lediglich ein Webstuhl und ein Hocker zu. Die Söhne mußten in einem anderen Haushalt erzogen werden, sobald der Vater wegfiel. Melanchthon wußte vom Vermächtnis Luthers, das er 1537 schwerkrank in Gotha diktiert hatte. Aber das war ein Vermächtnis theologischer Art, von dem er wußte, daß die Stadtverordneten darauf pfeifen würden und jeder Richter darüber spotten könnte. Was nützte es denn, wenn seine Käthe in allem seine Erbin sein sollte und die Kinder die Bücher erben sollten? „Ohne einen Vormund wird deine Frau am Hungertuch nagen, und ohne Vormünder werden deine Kinder heimatlos werden", beteuerte Melanchthon. Martin Luther machte daraufhin ein genaues Testament. Katharina sollte Zülsdorf und alle Kleinodien bekommen, wie Becher, Ketten und Geschenkmünzen im Wert von tausend Gulden; ebenso alle Gärten. Ferner solle sie eine kleine Wohnung in dem vor kurzem erworbenen winzigen Haus neben dem Schwarzen Kloster erhalten. Sie hatten das Haus erworben, damit Wolf sein Auskommen haben solle. Aber nachdem ihm Luther dies mitgeteilt hatte, sagte Wolf schlicht: „Ich bedarf keines eigenen Heimes. Ich werde immer dort sein, wo meine Herrin wohnt."

Luther begründete sein Vermächtnis mit folgenden Worten: „Sie hat mir nicht nur wie eine Gattin, sondern wie eine Magd gedient. Und daß sie mich als ein fromm, treu, ehelich Gemahl allzeit lieb, wert und schön gehalten hat und ist Mutter meiner fünf Kinder." Der Kurfürst sollte für die Einhaltung des Vermächtnisses bürgen, was er auch Zeit seines Lebens tat. Für Martinus war selbstverständlich, daß seine Frau keines Vormundes noch eines sonstigen Ratschlages bedürfe. Damit war er der erste Mann, der seiner Frau eine solche Selbständigkeit zusprach und sie durchsetzte.

Im September, als die Rispenhirse sich unter dem Samen neigte und der warme Wind durch das lichte Dinkelfeld blies, zog der Tod ins Schwarze Kloster, um Lenchen zu holen.

Niemand wußte, wie es kam, daß Lenchen von einem Tag auf den andern schwach wurde und zu fiebern begann. Katharina gab ihr warme Milch und Fruchtsäfte. Weil Lenchen kaum etwas bei sich behalten konnte, kochte Katharina Buchweizengrütze, schlug ein frisches Ei hinein, würzte mit Honig und gab Lenchen löffelweise zu essen.

Lenchen fühlte als erste, daß sie nun bald im Himmel sein würde, und für sie war es, als ob sie nun auf einer Reise wäre. Als ob sie von Wittenberg zum sonnigen Anwesen nach Zülsdorf unterwegs wäre. So ging es nun für sie von der Erde in das Paradies. Luther sprach offen mit seiner Tochter, daß es sein könne, daß sie Abschied nehmen müssen. Lenchen wollte noch einmal ihren Bruder Hans sehen, und so schickte Luther Nachricht nach Torgau, und Hans kam zu seiner todkranken Schwester.

Katharina konnte nicht begreifen, was geschah. Sie setzte sich an Lenchens Bett und wickelte in Essig getauchte Lappen um Lenchens Füße, um das Fieber zu senken. Lenchen sprach im Fieber mit leuchtenden Augen. Sie sprach vom Himmel, wie auch Elisabeth Cruciger von einer anderen Welt sprach. Katharina wollte ihr Kind aber bei sich, in diesem Leben behalten!

„Ist es sehr kalt, Lenchen?" fragte Katharina, als sie neue Lappen auflegte. „Ach Mutter, ich denke einfach an das, was ich von Euch gelernt habe. Ich bin ein Vögelchen, da habe ich keine kalten Füße. Wobei ich keine Haubenlerche oder gar ein Kiebitz bin, sondern eine Ente mit großen Ruderfüßen. Ich schwimme auf der Elbe, alles schaukelt, und die Lappen um meine Füße sind die Schwimmpaddel, mit denen ich steuere. – Aber, wenn Ihr oder Vater mich im Arm haltet, bin ich doch nur ein kleines Küken unter einer Mutterglucke, das träumt und glücklich ist."

In der Nacht träumte Katharina, wie zwei schöne junge Männer zu Lenchen gingen. Diese wartete schon in einem weißen Hochzeitskleid auf die beiden und ging gerne mit. Voller Freude erzählte sie Melanchthon den Traum, denn sie glaubte, Lenchen würde weiterleben, um einmal zu heiraten. Aber Melanchthon erschrak und fragte Katharina: „Wißt Ihr nicht, wie viele Gesichter der Tod hat und wie vielerlei Gestalt er annimmt?" Es gab keinen Trost für Katharina, doch sie hielt sich an ihren Mann, der bitterlich weinte und doch immer wieder davon sprach, daß Lenchen in den Himmel komme.

Am 20. September 1542 starb Lenchen in den Armen ihres Vaters. Katharina stand abseits und wünschte, sie hätte ihr Leben für das ihrer Tochter geben können. Als der Sarg ins Haus getragen wurde, war Luther zwischen Zorn und Schmerz, und er fuhr die Zimmerleute an: „Schlagt nur feste zu! Am Jüngsten Tag wird sie auferstehen!"

Noch am selben Tag fand die Beerdigung statt. Es war ein langer Leichenzug, der von der Kirche zum Friedhof zog.

Als König Christian III. von Dänemark von diesem schweren Schlag hörte, dachte er daran, wie sehr er doch Luther, Melanchthon und Bugenhagen schätzte, und er beschloß, jeder Familie jährlich eine Tonne Butter und eine Tonne Hering zukommen zu lassen.

Als die Boten mit der Fracht eintrafen, schossen Katharina wie so oft wieder die Tränen in die Augen, denn solche Augenblicke hatte sie früher mit ihrer Tochter geteilt. Sie befahl dem Knecht, die Heringe in den Keller zu bringen. Ebenso die Butter, die jedoch stets mit frischem kaltem Wasser zugedeckt sein sollte.

Katharina wandte sich ab, verbarg den Kopf in ihrer Schürze und schluchzte. Aber als sie sich mühte, Fassung zu gewinnen, legten sich zwei junge Frauenarme um sie: Lene war wiedergekommen. Nur vier Jahre nach ihrer schönen Hochzeit im weißen Rüschenkleid war ihr Mann gestorben. So war es nun ihre Stieftochter, die Katharina umarmte und die in ihrem eigenen Schmerz Katharina weinen ließ und damit zu trösten verstand.

Katharina wurde nun innerlich wieder stärker und wollte auch nicht mehr laut klagen, hatte doch Lene ihren Mann verloren, den sie sich so ersehnt und für den sie gekämpft hatte. Gemeinsam begannen sie nun, ihren Kummer in Arbeit zu vergessen und um so mehr anderen eine Hilfe zu sein.

Doch was kann besser ablenken als richtiger Ärger?

Und der kam! Er kam im Auftrag des verhaßten städtischen Zeugmeisters Friedrich von der Grüne.

Als die städtischen Arbeiter in Katharinas Garten standen und ungefragt die von Luther frisch gepfropften Bäume umschlugen und das Bienenhaus gleich Müll in die Elbe werfen wollten, da wurde aus Katharina ein leibhaftiger Türke. Nicht nur, daß ein Drittel des Hausgartens dem neuen Wall weichen sollte, ihr wurde auch noch das Bierbrauen untersagt, wo doch ein neues Brauhaus auf dem Kloster gebaut worden war!

Es wurde getratscht, es habe wohl an Katharina gelegen, daß Luther deswegen mit den Stadtverordneten und vornehmlich mit Herrn von der Grüne in großen Streit geriet. So konnte aber wenigstens das Brauverbot rückgängig gemacht werden, und Luther konnte bei einem Wäldchen nordöstlich der Stadt einen Garten kaufen, in den Katharina und Lene flugs noch Wintergerste säten. Ebenso konnte der Garten vor dem Elsterntor, den sie bereits 1532 erworben hatten, erweitert werden. Katharina hatte im Laufe der Jahre in Wolf endlich selbst einen verläßlichen Diener gefunden; auch die zwei neuen Mägde hatte sie mit Bedacht ausgesucht, und dadurch hatte sie viel Hilfe. Sie hatten Lein zur Ölgewinnung, und von Ave erhielt sie manch guten Rat, wie sie damit am besten verfahren sollte. „Ein Apotheker wäre eine gute Hausfrau", pflegte Ave zu sagen, „denn er versteht sich aufs Sieden und Trocknen von allem, was es gibt."

Am Donnerstag vor Fastnacht zogen die Müllergesellen alljährlich durch die Straßen und sammelten Würste für das Fest. Luther und Katharina planten auch jedes Jahr am Faschingstag ein Fest, das „Königreich". Zu diesem Fest hatten sie nicht nur alle befreundeten Familien, Theologen und Professoren geladen, sondern auch den Schulmeister aus Torgau. Hans und sein Vetter Florian konnten somit auch endlich wieder nach Wittenberg kommen. Doch das ausgelassene Fest forderte auch von den Kindern viel Mühe. Jedes mußte Psalmen und Verse auswendig dahersagen, und Luther mahnte, nicht zu zittern, denn es wäre wie das Jüngste Gericht: davor dürfe ein Christenmensch auch nicht beben. Das Fest, das an die Heiligen Drei Könige erinnern sollte, war schon alt und eine andere Art von Faschingstreiben. Es wurde ausgelassen bis weit nach Mitternacht gefeiert. Luther nahm die große Versammlung zum Anlaß richtigzustellen, daß nicht seine Frau ihm bei der Schriftauslegung hülfe, wie so viele behaupteten, sondern einzig der Heilige Geist.

Als Luther so sprach, begegneten sich still die Blicke von Lene und Katharina. Das ehemals so wilde Mädchen war zu einer liebevollen, einsichtigen Frau geworden. Das entging auch nicht dem flotten Medizinstudenten Ernst Reuchlin. Weder an diesem Abend noch an allen weiteren Tagen. Und so wurde 1554 für Lene die zweite Hochzeit ausgerichtet. Und wieder war es Katharina, die für Lene kämpfte. Nicht um ein Hochzeitskleid mit Rüschen wie sieben Jahre zuvor, sondern um den lieben Ernst Reuchlin selbst, der ihrem Mann Martinus nicht paßte. Seiner Meinung nach hätte Lene einen starken, ruhigen Mann gebraucht und nicht einen, der Lene zu Füßen liege.

Mit dem Mann alles verlieren? (1546)

Katharina ging es wie allen Menschen, die ihr Leben liebend mit einem anderen Menschen teilen. Wenn der Geliebte stirbt, stirbt ein Teil des Selbst: Alles, was man dem andern nicht mehr geben kann, und auch das, was man genommen hat. Vor allen Dingen, was erst durch den andern möglich wird, was er aus einem „herausliebt" und was man als Paar nur gemeinsam darstellen und sein kann.

Schon seit einigen Jahren klagte Luther über die Überfülle an Arbeit. Wegen der zunehmenden Kopfschmerzen wollte er auch gerne Zeiten haben, in denen er nicht mehr lesen, schreiben oder referieren mußte. Er hatte es satt, immer Streitigkeiten schlichten zu müssen. „Liebste Käthe, wie gerne würde ich alter Mann lieber dem Knospen und Wachsen in unseren Gärten zusehen und mich an der Natur erfreuen." Katharina verstand ihren Mann gut. Er konnte, wenn sie gemeinsam in den Gärten waren, alles von Herzen genießen. Während sie darauf bedacht war, wie die Ernte ausfiel, fand er darüber einen Liedvers oder nahm Bäume, Gras und Korn als Gleichnisse und predigte bei nächster Gelegenheit darüber. „Martinus, wenn Ihr nicht mit in die Gärten könnt, so will ich Euch doch davon erzählen und Euch die Früchte und Samen so zu Tische tragen, wie Ihr es liebt." Katharina bedrängte ihren Mann nicht, weil sie wußte, daß er trotz nachlassender Kräfte der wichtigsten Sache diente. „Ich habe es wohl wegen meiner früheren Sünden nicht verdient, mich einem Garten widmen zu können", fügte Martinus an. Katharina ging darauf nicht ein, sagte nur: „Wenn Ihr nicht tätet, was Euch Gott aufgetragen hat, wer würde es dann tun?"

Luther hatte schon vor seiner Hochzeit mit Katharina Todesahnungen und oft auch die Sehnsucht zu sterben. Er äußerte sie bei eigenen Krankheiten oder wenn liebe Menschen starben und er am liebsten mitgegangen wäre.

Am 11. November 1545 hatte Martin Luther wie üblich zu seinem Namenstag eingeladen. Es war eine große Feier. Die Kinder durften sich am Nachmittag vergnügen, und am Abend sprach er eindringlich zu seinen Kollegen, daß er einem baldigen Tod entgegensehe. Er ermahnte sie, der evangelischen Kirche die Treue zu halten, denn er fürchte, daß aus dem eigenen Lager die Menschen abfallen würden, wenn er tot sei, weil es einfacher sei, dem alten Glauben anzuhängen. Katharina waren die Worte ihres lieben Doktors zu Herzen gegangen. Wie in den Zeiten, als sie noch bei Cranachs zu Tisch bediente, bewirtete sie an dem Tag im eigenen Haus, denn die Mägde kamen nicht nach mit dem Auftragen. Die Worte ihres Mannes erfüllten sie mit Sorge und Trauer, denn sie wußte, wovon ihr Mann sprach. Die Wankelmütigen und Feinde hatten Namen und Macht. Sie hatten spitze Zungen und Waffen. Und ihr liebster Martinus tat sich schon morgens schwer beim Aufstehen. Sie mußte ihm hochhelfen, denn das Furunkel am Bein pochte schon seit Wochen, obwohl die Wunde offen gehalten wurde. In der Nacht mußte sich Martinus oft ins Bett setzen, damit er genug Luft bekam, und sie sprang dann auf, öffnete die Fenster und brachte ihm Riechwasser. Sie konnte ihm die Hand halten und mit ihm beten, aber das ersetzte ihm nicht den Schlaf, den er suchte und benötigte.

Egal, wie elend sich Martinus fühlte, er hatte offene Ohren für seine Kinder und alle, die Not hatten.

Am Nikolaustag wurde gefeiert. Katharina hatte Geschenke zurechtgelegt, damit Martinus sie den Kindern übergeben konnte. Doch es war nicht nur ein Fest für die Kinder, denn der Sinn war ja die Botschaft des heiligen Nikolaus an alle Christenmenschen, und darüber wurde den ganzen Tag gesprochen und davon gesungen.

Für Katharina waren alle Festtage mit viel Arbeit verbunden. Doch das hatte sie schon immer gern getan. Denn schmeckt das Essen je besser als an Feiertagen? Und ist dies nicht stets ein Anlaß, Junge und Alte zu erfreuen und selbst die Blöden und Armen am Leben teilhaben zu lassen?

Am ersten Januar wünschten sich alle ein gutes neues Jahr. Die Bediensteten im Hause Luther bekamen ein reichliches Geldgeschenk, das ihnen der Doktor nach einer zweistündigen Rede mit Ermahnungen zur Frömmigkeit, Treue und Gehorsam überreichte.

Katharina war dankbar, als ein Bote von Gräfin Dorothea von Mansfeld kam. Diese Frau hatte ihrem Mann schon bei vielen Krankheiten die rechte Arznei verordnet. In ihrem Schreiben mahnte sie Luther zu mehr Bewegung und bat ihn, den Unterschenkel mit Umschlägen auszukurieren und sich nicht vom kurfürstlichen Leibarzt mit schmutzigem Werkzeug darin herumrühren zu lassen. Sie lobte die wertvollen Pulver aus zerriebenem Bernstein und Fischknöchelchen, bat auch ihr Niespulver anzuwenden. Katharina hatte schon oft mitangesehen, wie die heilkundige Frau auch ihrem Mann Erleichterung verschaffen konnte. Der weiße Aquavit sollte bei Ohnmacht angewandt werden. Gelber Aquavit half gegen Beklemmungen in der Brust und gegen Magenbeschwerden.

Obwohl sich Luther müde fühlte, war er aktiv und tat, soviel er konnte. So machte er sich auch im Winter auf und reiste nach Eisleben, weil er von den drei Grafen von Eisleben, Albrecht, Hans-Georg und Philipp von Mansfeld, gebeten worden war, doch einen Erbstreit unter ihnen zu schlichten.

Katharina war besorgt um ihren Mann. Sie konnte ihn jedoch nicht von seiner Reise abhalten, und so packte sie alles, was sie hatte und ihrem Gatten nützlich sein konnte, ein. Es würde gewiß einen Monat und länger dauern, bis sie ihn wiederhatte.

Luther wünschte, daß ihn auf der Reise seine drei Söhne begleiteten. So machten sich auch die Söhne reisefertig. Sie waren inzwischen schon zwischen dreizehn und neunzehn Jahre alt. Sie wußten, daß sie auf der Reise mit dem Vater viel erleben würden. Gewiß würde an jeder Wegkreuzung jemand stehen und einen Rat oder einen kurzen Aufenthalt des Geistlichen wünschen. Wenn sie mit dem Vater reisten, sahen sie die Achtung, die ihrem Vater entgegengebracht wurde. Und die vielen Verwünschungen gegen den Aufwiegler verstummten meist. Die Jungs hatten nur zu gut die Sorge der Mutter um ihren Mann wahrgenommen, und sie sahen mit eigenen Augen, wie hinfällig ihr starker Vater manchmal war.

Am 23. Januar, als es regnete, was vom Himmel nur so auf den alten Schnee fallen konnte, fuhren sie los.

Katharina blieb mit Maruschel in Wittenberg zurück. Sie wußte um die tiefe Verbindung zu ihrem Mann, daß auch er an sie dachte und sicher bald der erste Brief kommen würde.

Sie hatte recht. Kaum daß sie sich angewöhnt hatte, des Nachts allein zu liegen, kam ein Brief. Es war der erste der sechs letzten Briefe, die ihr Mann an sie schrieb. Er schrieb von unterwegs und aus Wittenberg, der Stadt, aus der Luther nur noch tot zurückgebracht wurde. Noch wußten beide nicht, daß sie sich nicht wiedersehen sollten, und die Zeilen waren wie immer voll mit Nachrichten und gegenseitiger Zuneigung. Wie immer fühlte sich Katharina wie ein Kind, wenn sie Post erhielt, in eine stille Ecke eilte und las:

Halle, 25. Januar 1546
Meiner freundlichen, lieben Käthe Lutherin, Brauerin und Richterin auf dem Saumarkte zu Wittenberg zu Händen.
Gnad und Friede im Herrn! Liebe Käthe! Wir sind heute um acht aus Halle gefahren, aber sind nicht nach Eisleben gekommen, sondern um neun wieder nach Halle eingezogen. Denn es begegnete

uns eine große Wiedertäuferin mit Wasserwogen und großen Eisschollen und drohte uns mit der Wiedertaufe und hat das Land bedeckt. Doch können wir auch nicht zurück wegen der Mulde nach Bitterfeld und müssen allhier zu Halle zwischen den Wassern gefangen liegen. Nicht, daß es uns danach dürstete zu trinken – wir nehmen dafür gut Torgisch Bier und guten rheinischen Wein, damit laben und trösten wir uns dieweil, daß die Saale heut wolle auszürnen. Denn weil die Leute und selbst die Fährmeister kleinmütig waren, haben wir uns nicht wollen ins Wasser geben und Gott versuchen. Denn der Teufel ist uns gram, und er wohnt im Wasser. (...) Betet für uns und seid fromm! Ich denke, wärest Du hier, so hättest Du uns auch geraten, es so zu tun – damit Du siehst, daß wir auch einmal Deinem Rat folgen. Hiermit Gott befohlen, amen.
An St. Paulus' Bekehrungstag, da wir auch uns von der Saale gen Halle kehrten.
Martinus Luther D.

Katharina atmete auf. Sie sah ja auch das Hochwasser in der Elbe mit Sorge und mußte insgeheim zugeben, daß der neue Wall in Wittenberg eine Überflutung verhindern konnte. Aber ihr Mann samt den Söhnen war zwischen den Wassern gefangen. Maruschel war zur Mutter getreten, und Katharina überließ ihr den Brief. „Wenn sie nur nicht zu früh übersetzen", sorgte sich auch Maruschel, „sie sollten lieber noch einen Tag warten." Katharina erklärte Maruschel, daß sich die Männer um ihre Sorgen nicht kümmern würden. „Alle Sorgen, die wir haben, sind für Martinus unverständlich und ein Greuel, wie es die Wiedertäufer und die Juden sind. Wir können nur beten, Maruschel."

Sie beteten und bauten um den Teich am Saumarkt einen Weidenzaun, damit, wenn das Gebiet überschwemmt würde, nicht alle Karpfen mit fortschwämmen. Katharina hatte selbst den halben Tag im kalten Wasser gestanden, und am Abend schmerzten ihre Handgelenke und wollten kaum noch die Töpfe auf den Tisch bringen.

Aber als ein Bote kam, verwandelte sie sich wieder: Sie war ein

Kind. Ungeduldig und sehnsüchtig wartete sie darauf, Zeit zu finden und zu lesen:

1. Februar 1546
Meiner herzlieben Hausfrau, Katherin Lutherin, Doktorin, Zülsdorferin, Saumarkterin und was sie mehr noch sein kann.
Gnad und Friede in Christo (...)! Liebe Käthe! Ich bin wahrlich schwach gewesen auf dem Weg hart vor Eisleben, das war meine Schuld. Aber wenn Du wärest dagewesen, so hättest Du gesagt, es wäre der Juden oder ihres Gottes Schuld gewesen. Denn wir mußten durch ein Dorf hart vor Eisleben, darinnen viel Juden wohnen; vielleicht haben sie mich so hart angeblasen. So sind hier in Eisleben jetzt diese Stund über fünfzig Juden wohnhaft. Und wahr ist's: Da ich an dem Dorf vorbeifuhr, ging mir ein solcher kalter Wind durchs Barett, als wollt mir's das Hirn zu Eis machen. Solches mag mir zum Schwindel etwas geholfen haben. Aber jetzt bin ich, Gott Lob, wohlauf, nur daß die schönen Frauen mich so hart anfechten, daß ich weder Sorge noch Furcht habe vor aller Unkeuschheit. (...) Ich trinke Naumburgisch Bier, fast des Geschmacks, den Du am Mansfelder mir einst gelobt hast. Es gefällt mir gut, macht mir des Morgens wohl drei Stuhlgänge in drei Stunden. Deine Söhnchen sind gen Mansfeld gefahren vorgestern, weil Hans von Jena so demütiglich gebeten hatte; weiß nicht, was sie da machen. Wenn's kalt wäre, könnten sie helfen frieren; da es nun warm ist, könnten sie wohl anders tun oder leiden, wie es ihnen gefällt. Hiermit Gott befohlen samt allem Hause, und grüße alle Tischgesellen.
Am Tage vor Mariä Reinigung, 1546, M. Luther, Dein altes Liebchen.

Katharina war zufrieden, daß ihre Söhne sich nach Mansfeld abgesetzt hatten. So konnte doch jeder tun, was ihm beliebte. Doch sie fürchtete, daß Martinus, als er bei Eisleben zu Fuß ging, sich arg erkältet habe. Sie kannte ihren Mann: Er debattierte und erhitzte sich so beim Gehen, daß ihm hernach der eisige Wind auf den Schweiß blies. Käthe war unruhig in der Nacht.

Länger als eine Woche sollten sie nicht getrennt sein. Sie hoffte und betete inständig, der Streit könne bald geschlichtet werden, damit Martinus bald heimkehren und sich ausruhen könne.

Eisleben, 6. Februar 1546
Der tiefgelehrten Frau Katherin Lutherin, meiner gnädigen Hausfrau zu Wittenberg.
Gnad und Fried! Liebe Käthe! Wir sitzen hier und lassen uns martern und wären wohl gern davon, aber es kann noch nicht sein (wie mich dünkt) in acht Tagen. Magister Philippus magst Du sagen, daß er seine Postille korrigiere, denn er hat nicht verstanden, warum der Herr im Evangelium die Reichtümer Dornen nennt. Hier ist die Schule, da man solches verstehen lernt. Aber mir graut, daß allewege in der Schrift den Dornen das Feuer angedroht wird, darum ich desto größere Geduld habe, daß ich mit Gottes Hilfe könnte etwas Gutes ausrichten. Deine Söhnchen sind noch zu Mansfeld. Sonst haben wir zu fressen und saufen genug und hätten gute Tage, wenn das verdrießliche Geschäft nicht wäre. Mich dünkt, der Teufel spottet unser; Gott möge ihm wiederum spotten. Amen. Bittet für uns. Der Bote eilt sehr. Am St. Dorotheentag 1546.
Martinus Luther D.

In einer Woche konnte Martinus also noch nicht mit den Söhnen zurück sein. Aber vielleicht in zehn Tagen? Es mußte sich wahrlich um reichlich Dornengestrüpp bei den Grafen von Eisleben handeln, wenn man darum so lange streiten mußte. Sie würde gleich zu Philippus hinübergehen und ihn um die Abänderung der Postille bitten. Und dann würde sie sich hinsetzen und dem Doktor schreiben, daß er sich nicht erkälten und nicht wieder mit nassem Mantel so dicht am Herde stehen solle, daß dieser Brandlöcher bekomme. Sie schrieb ihm von den Besuchern im Haus und daß bereits drei Platz genommen hätten und auf ihn warteten. Und sie ermahnte ihn, erst dann zu reisen, wenn die Saale aufgehört hatte, ein wildes Tier zu sein.

Der Bote ritt noch am selben Tag mit dem Brief zurück.

Eisleben, 7. Februar 1546
Meiner lieben Hausfrau Katherin Ludherin, Doktorin, Saumarkterin zu Wittenberg, meiner gnädigen Frau zu Händen und Füßen.
Gnad und Friede im Herrn! Lies Du, liebe Käthe, den Johannes und den kleinen Katechismus, wovon Du einmal sagtest: „Es ist doch alles in dem Buch mir gesagt." Denn Du willst sorgen für Deinen Gott, gerade als wäre er nicht allmächtig, der da könnte zehn Doktor Martinus schaffen, wenn der einzige alte ersöffe in der Saale oder im Ofenloch oder auf Wolfs Vogelherd. Laß mich zufrieden mit Deiner Sorge; ich habe einen besseren Sorger, denn Du und alle Engel sind, der liegt in der Krippen und hängt an der Jungfrauen Zitzen, aber sitzet gleichwohl zur rechten Hand Gottes, des allmächtigen Vaters; darum sei zufrieden. Amen.

Katharina hatte so weit gelesen und sich aufgeregt. Da war ihr Mann oft störrischer und unvernünftiger als alle Kinder zusammen, und sie solle sich nicht sorgen!

Die Freude über den Brief und die Entrüstung über den unverständigen Mann, der ihr immer auftrug, in der Bibel zu lesen, damit er seine Ruhe habe, mußte sie erst einmal verdauen. Aber als sie weiterlas und er lange über die Kämpfe der Verhandlungen sprach und er sich ereiferte, wie es Menschen geben könne, die die Juden auch noch schützten, und von seinem Zorn, dem er nicht Einhalt gebieten konnte, verstand sie seinen rauhen Ton. Wenn Martinus kämpfte, dann wollte er auch nicht auf ihre Ermahnungen hören. Sie las die letzte Seite zweifach, weil er sich darin wieder beruhigt hatte:

Du sollst Magister Philippus diesen Brief lesen lassen, denn ich nicht Zeit hatte, ihm zu schreiben. Damit kannst Du Dich trösten, daß ich Dich gerne lieb hätte, wenn ich könnte, wie Du weißt, und er gegen seine Frau vielleicht auch weiß und alles wohl versteht.
Wir leben hier wohl, und der Rat schenkt mir zu jeglicher Mahlzeit ein halb Stübchen Reinfal, der ist sehr gut. Zuweilen trink ich's mit meinen Gesellen. So ist der Landwein hier gut und Naumburgisch

Bier sehr gut, nur daß mich dünkt, es macht mir die Brust voll Schleim mit seinem Pech. Der Teufel hat uns das Bier in aller Welt mit seinem Pech verdorben, und bei Euch den Wein mit Schwefel. Aber hier ist der Wein rein, freilich nur, was des Landes Art hergibt. Und wisse, daß alle Briefe, die Du geschrieben hast, sind hierher gekommen. (...)
Am Sonntag nach Dorotheen Tag 1546. Dein Liebchen Martinus Luther D.

Katharina brachte den Brief selbst zu Philippus und konnte ihrer Gefühle nicht Herr werden, daß ihr liebster Gatte wieder Schleim auf der Brust hatte. Gewiß würde er nun nachts wachliegen, im Bett sitzen und um Luft ringen. Und sie sollte ruhig schlafen und sich nicht um ihren einzigen Martinus sorgen! Gott ist wirklich groß, aber dennoch hatte er nur einen einzigen Martinus wie ihn geschaffen. Und wie sehr er ihrer war, bemerkte sie an der Unruhe, die sie ergriff. Am liebsten hätte sie Maruschel genommen und wäre selbst durch alle Unwetter nach Wittenberg gefahren. Was blieb ihr anderes übrig, als noch einen Brief, Brustsalbe und das Gebet zu Luther zu senden, das Maruschel für ihren Vater und ihre Brüder erdichtet hatte?

Eisleben, 10. Februar 1546
Der heiligen, besorgten Frau, Frau Katherin Lutherin, Doktorin, Zülsdorferin, zu Wittenberg, meiner gnädigen, lieben Hausfrau.
Gnad und Friede in Christo! Allerheiligste Frau Doktorin! Wir danken Euch ganz freundlich für Eure große Sorge, vor der ihr nicht schlafen könnt. Denn seit der Zeit, seit der Ihr für uns gesorgt habt, wollt uns das Feuer verzehrt haben in unserer Herberge, hart vor meiner Stubentür. Und gestern, ohne Zweifel aus Kraft Eurer Sorge, wäre uns schier ein Stein auf den Kopf gefallen und hätte uns zerquetscht wie in einer Mausefalle. Denn es rieselte in unserem heimlichen Gemache (Toilette) wohl zwei Tage über unserem Kopf Kalk und Lehm, bis wir Leute dazu nahmen, die den Stein

anrührten mit zwei Fingern: Da fiel er herab, so groß wie ein langes Kissen und eine große Handbreit; der hatte im Sinn, Eurer heiligen Sorge zu danken, wenn die lieben Engel nicht gehütet hätten. Ich habe Sorge, wenn Du nicht aufhörst zu sorgen, es könnte uns zuletzt die Erde verschlingen und alle Elemente verfolgen. Lernst Du so den Katechismus und das Glaubensbekenntnis? Bete Du und lasse Gott sorgen. Dir ist nicht befohlen, für Dich oder mich zu sorgen. Es heißt: „Wirf dein Anliegen auf den Herrn, der sorgt für dich", Ps. 55, 23, und an vielen Stellen mehr.

Katharina konnte ihrem Gemahl wieder gratulieren. Er hatte es geschafft, daß sie, die heilige, besorgte Doktorin und was sie sonst noch alles für ihn war, dasaß und weinte. Was war nun wirklich geschehen? Hatte es etwa gebrannt oder war es nur die Einleitung zum Spott über ihre Sorgen? Aber das mit dem großen Stein mußte ja wohl gewesen sein; so hätte er nicht gedichtet. Aber wenn sie ihn fragen würde, würde er ja auch nur lachen. Ach, was weiß er denn davon, daß sie trotz allem Beten, Bibellesen und Arbeiten sich trotzdem sorgt! Er sollte sie doch endlich mal so nehmen, wie sie ist!

Maruschel sah ihre Mutter über dem Brief weinen. „Mutter, ist etwas geschehen? Sind Vater und die Brüder wohlauf?" Katharina beruhigte das Kind: „Es ist alles in Ordnung, denn sie haben viele Schutzengel, die sie vor Feuer und herabfallenden Steinen bewahren." Sie versuchte Maruschel zu erklären, was damit gemeint war, obwohl sie es bei der Fabulierkunst ihres Mannes selbst nicht wußte, wie das zu deuten wäre. Aber sie hatte noch nicht zu Ende gelesen:

Wir sind, Gott Lob, frisch und gesund, nur daß Jonas wollte gern einen bösen Schenkel haben, daß er sich an einer Lade zufällig gestoßen hat. So gar groß ist der Neid in den Leuten, daß er mir nicht will gönnen, allein einen bösen Schenkel zu haben. Hiermit Gott befohlen. Wir wollten nun fortan gern los sein und heimfahren, wenn's Gott wollte. Amen.

Am Tag Scholasticae 1546. Eurer Heiligkeit williger Diener Martinus Luther.

Nun hatte sich also Bugenhagen ein kaputtes Bein geholt. Ob er dann so bald wieder zurück nach Halle und seiner Familie konnte? Und wie Martinus über sein wehes Bein scherzen konnte. Wer half ihm denn morgens aus dem Bett?

Aber plötzlich, als ob sich eine Hand auf Katharina gelegt hätte, wurde sie ruhig und wußte, daß sie ja tatsächlich kein Schutzengel sein konnte und nur geschah, was geschehen sollte. „Wir können dem Leben keine Spanne dazusetzen." So stand es schon in der Bibel, und sie verstand doch sonst auch die andern nicht, wenn sie nicht glauben konnten. Aber, wenn man einen Mann so sehr liebt, muß man ganz anders glauben können. Dann muß Gott jede Stunde die Sorgen und Ängste vertreiben.

Am 6. Februar hatte Martinus geschrieben, er brauche mehr als acht Tage, um heimkehren zu können. Aber da war endlich wieder ein Brief, darin würde wohl stehen, daß nun die Heimreise anstand.

Eisleben, 14. Februar 1546
Meiner freundlichen, lieben Hausfrau, Frau Katherin Lutherin von Bora zu Wittenberg zu Händen.
Gnad und Friede im Herrn! Liebe Käthe! Wir hoffen, diese Woche wieder heimzukommen, so Gott will. Gott hat große Gnade hier erzeigt. Denn die Herren haben durch ihre Räte fast alles in Einklang gebracht bis auf zwei Artikel oder drei, unter welchen ist, daß die zwei Brüder, Graf Gebhard und Graf Albrecht, wiederum Brüder werden, was ich heute soll vornehmen. Ich will sie zu mir zu Gast bitten, daß sie auch miteinander reden. Denn sie sind bis jetzt stumm gewesen und haben sich mit Schriften hart verbittert. Sonst sind die jungen Herren fröhlich, fahren zusammen mit Narrenglöcklein auf Schlitten, und die Fräulein auch, und bringen einander Mummenschanz (Geschenke) und sind guter Dinge, auch Graf

Gebhards Sohn. So muß man begreifen, daß Gott ist exauditor precum (ein Erhörer der Gebete).
Ich schicke Dir Forellen, die mir die Gräfin Albrechts geschenkt hat; die ist von Herzen froh über die Einigkeit.
Deine Söhnchen sind noch zu Mansfeld; Jakob Luther wird sie gut versorgen. Wir haben hier zu essen und zu trinken vollauf wie die Herren, und man wartet unser gar schön und allzu schön, daß wir Eurer fast vergessen möchten zu Wittenberg. So ficht mich der Stein, Gott Lob, auch nicht an. Aber Doktor Jonas' Bein wäre schier schlimm geworden, so hat es Löcher bekommen auf dem Schienbein. Aber Gott wird auch helfen. Solches alles magst Du Magister Philipp anzeigen, Doktor Pommer und Doktor Cruciger.
Hier ist das Gerücht hergekommen, daß Doktor Martinus sei weggeführt, wie man zu Leipzig und Magdeburg redet. Solches erdichten die Naseweisen, Deine Landsleute. Etliche sagen, der Kaiser sei 30 Meilen Wegs von hier, bei Soest in Westfalen, etliche, daß der Franzose Landsknechte anwerbe, der Landgraf auch. Aber laß sagen und singen –, wir wollen warten, was Gott tun wird. Hiermit Gott befohlen. Amen.
Zu Eisleben, am Sonntag Valentini 1546.

Katharina freute sich, denn nun würde sich ihr Mann aufmachen und nach Wittenberg zurückkehren. Sie trieb Knechte und Mägde an, alles bereit zu machen, denn der Doktor käme und brächte sicher Besucher mit. Maruschel und ihre Mutter freuten sich, daß dann auch die Jungs wieder da waren. Und Maruschel wollte ihnen zeigen, daß die seltenen Enten, die sie seit Zülsdorf besaßen, im zeitigen Februar bereits auf den Eiern saßen und jeden anfauchten, der ihnen zu nahe trat.

Katharina ließ es sich nicht nehmen, die Pferde selbst zu striegeln, sie würde ihrem Mann aus der Stadt ein Stück Wegs entgegenfahren, wie damals vor neun Jahren, als er so schwerkrank war und dann doch wieder lebendig wurde. Katharina erzählte Maruschel die Geschichte, denn damals war sie noch zu klein.

In der Nacht vom 17. auf den 18. Februar durfte Maruschel im Bett ihrer Mutter vorschlafen. Und als Katharina spätabends das Kind auf Luthers Bettseite packte, murmelte es: „Sind Vater und die Brüder gekommen?“ „Noch nicht, Maruschel, aber sie machen sich jetzt auf den Weg, und es ist eine weite Reise.“

Katharina betete, daß Gott seine Reiseengel nach Eisleben senden und die Fahrt in Frieden geschehen möge.

Während Katharina schlief, trat Luther seine letzte Reise an.

Im Haus des Stadtschreibers Johann Albrecht in Eisleben hatte er während der Verhandlungen Unterkunft gefunden. Gegen acht Uhr am Abend hatte er starke Schmerzen in der Brustgegend. Schnell eilte ein Freund zum Grafen Albrecht und holte eine Arznei aus geschabtem Einhorn. Anschließend schlief Luther eine Stunde. Um zehn Uhr wollte er dann zu Bett gehen und befahl sich Gott mit dem üblichen Sterbespruch: „In deine Hände befehle ich meinen Geist; du hast mich erlöst, Herr, du treuer Gott“ (Ps. 31, 6). Mit seiner immerwährenden Ironie forderte er die Anwesenden auf, für ihn zu beten, denn der Papst samt dem Concilium in Trient gönnten ihm ja keinen Frieden.

Um ein Uhr erwachte Luther wieder vor Schmerzen und legte sich auf die Bank in der Stube, wo er von beiden Ärzten der Stadt, dem Grafen Albrecht und seiner weisen Frau Anna, seinen Söhnen und Freunden umsorgt wurde. Luther rechnete nüchtern damit, in Eisleben, der Stadt, in der er geboren wurde, auch zu sterben. Voller Zuversicht und ohne die üblichen katholischen Sterbesakramente auch nur zu erwähnen, bekräftigte er seinen Glauben. „Du hast mich erlöst, du Gott der Wahrheit. Ich fahr dahin in Fried und Freud. Amen.“ Um drei Uhr atmete er noch einmal tief durch und schloß dann für immer die Augen.

Mit dem Morgen, der in Eisleben anbrach, läuteten die Todesglocken. Martinus Luther wurde in der Kirche aufgebahrt. Etliche Bürger standen Totenwache, und nicht nur die Grafen hätten ihm gerne in Eisleben die letzte Ruhestätte angeboten. Aber der Kurfürst verfügte, daß sein treuer Freund in der Wittenberger Schloßkirche beigesetzt werden solle.

Selbst schnelle Boten brauchen einen Tag und eine Nacht, um von Eisleben nach Wittenberg zu reisen. Aber die Nachricht vom Tod ihres Mannes sollte kein Bote überbringen, sondern Theologen und Freunde. So eilte Melanchthon und fand Katharina, die ihn fragend anstarrte, weil Melanchthon nicht einmal einen freundlichen Gruß über die Lippen gebracht hatte, wo er doch sonst in seiner steifen Art jeden, der ihm begegnete, freundlich grüßte. Sie wurde weiß und setzte sich. Sie schwieg und nahm es Melanchthon nicht ab zu sprechen. Doch mit jedem Wort, womit er die Frau trösten wollte, machte sich in ihr neuer Schmerz breit. Katharina wankte der Boden. Sie sah um sich und kannte sich nicht aus. „Ich hätte bei ihm sein sollen und ihn pflegen müssen. Und wie geht es unseren Söhnen? Wie geht es seinen armen Söhnen?“

Die nächsten Tage erlebte Katharina wie im Traum. Sie brauchte kein Essen oder Trinken. Sie schlief nicht und wachte nicht. Sie erfuhr, daß ihrem Mann ein weißer Schwabenkittel angezogen wurde und ihm ein Zinnsarg gegossen würde. Jonas sollte in Eisleben noch eine gewaltige Leichenpredigt gehalten haben, und am Nachmittag ging die Reise über Halle, Bitterfeld und Kemberg, bis sie am 22. Februar nahe Wittenberg waren.

Nun striegelte Katharina im Morgengrauen wieder die Pferde, wie sie es die Tage zuvor ständig getan hatte. Denn der Leichenzug ging auf Wittenberg zu, und sie alle wollten Martinus entgegenfahren, damit sie ihn zum letzten Geleit in die Stadt bringen konnten. „Wir erweisen nun Eurem liebsten Vater und aller Gläubigen großem Mann die letzte Ehre.“ Katharina achtete auf die Kleidung von Maruschel und betete, ehe sie in das kleine Wägelchen stiegen. Sie begrüßte die lieben Frauen, die mit ihr kamen. Sie hielten sich an den Händen, planten und beteten, strichen dem Kind über den Kopf, und Katharina sagte, daß sie keines Trostes bedürfe, weil sie einen solch segensreichen Mann hatte. Doch alle merkten, daß sie in ihrem Kummer kaum deutlich sehen konnte. Die Zügel überließ sie einem andern.

Drei Stunden später reihte sich Katharinas Gefährt in den Trauerzug ein. Sie formierten sich vor dem Elsterntor. Da lagen auch ihre Gärten, und sie konnte die Bäume nennen, die Martinus beschnitten und gepfropft hatte. „Schau, Maruschel, alle neuen Bäume, die dein Vater im Herbst aufgestockt hatte, haben Saft in sich. Ich habe es vor wenigen Tagen geprüft. Gott hat alles gesegnet, was er tat. So wird auch er mit den Knospen auferstehen am Jüngsten Tag." Maruschel hatte eine andere Mutter an ihrer Seite. Sie hörte und redete zwar, aber es war, als ob sie in Gedanken spazierengehen würde.

Dem Zug voran zogen Studenten und Geistliche. Ihnen folgten die Beauftragten des Kurfürsten und die Grafen von Mansfeld mit etwa 65 Berittenen. Dann kam, von vier prachtvollen Pferden gezogen, der Wagen mit dem Sarg; bedeckt mit einem schwarzen Tuch, worauf ein weißes Kreuz gestickt war. Dahinter fuhr nun Katharina mit ihrer Tochter und den Frauen im Wägelchen. Katharina sah auf das schwarze Tuch. Darunter lag also ihr liebster Martinus. Wie gerne hätte sie ihn einmal, einmal nur noch angeschaut und berührt. Aber die Wagen rollten auf Wittenberg zu, ohne innezuhalten. Hans, Martin und Paul sowie Angehörige gingen zu Fuß. Danach kamen der Rektor der Schule mit den adligen Studenten. Ihnen schlossen sich an Kanzler Brück, Melanchthon, Jonas Bugenhagen, Cruciger und Hieronymus Schurf als die vornehmsten Doktoren der Universität, danach die übrigen Doktoren und Magister. Es folgten der Wittenberger Rat, die Studenten und Bürger. Das Ende bildeten Frauen und Kinder.

In der Schloßkirche wurde der Sarg gegenüber der Kanzel abgestellt.

Katharina lauschte der Leichenpredigt Bugenhagens:
„Gott hat durch Luther der Kirche Deutschlands und vielen anderen Nationen unaussprechliche Gaben und Gnade zukommen lassen. (...) In der Trauer um diesen Mann wissen wir uns verbunden mit christlichen Königen, Fürsten und Städten, die das Evangelium im Glauben erkannt haben. Aber auch die Gegner Luthers dürfen sich nicht freuen, denn seine gewaltige, selige, göttliche Lehre lebt. (...)"

Katharina wußte, welche Worte immer weiterleben würden. Die alten Worte, denen ihr Mann das Leben aufs neue eingehaucht hatte. In der Stunde, in der sich auch noch die Rede Melanchthons und anderer anschloß, fühlte sie sich nicht allein. Sie wurde getragen von dieser wohltuenden Würdigung ihres Mannes, und keiner war anwesend, der mit trockenen Augen dasaß. Allen, die ihre Stimme erklingen ließen, war gemeinsam, daß sie ins Wanken gerieten und unter Schluchzen nach Worten suchten.

In den kommenden Tagen wurde Katharina von Erinnerungen an die gemeinsame Zeit regelrecht überfallen. Gleichzeitig liefen im Schwarzen Kloster immer noch die Verbindungen der Reformation zusammen, und so hatte sie alle Hände voll zu tun. Hans, Martin, Paul und Maruschel halfen sich gegenseitig, indem sie sich ihren Kummer erzählten, und ab und zu konnten sie sich auch über ihre Zukunft befragen.

Was tut eine Mutter in solchen Zeiten?

Sie sagte den großen Buben, daß Gott sie nicht im Stich lasse. Sie sammelte ihre vier Kinder jeden Abend um sich und betete mit ihnen nach Herzen. Jedes Kind sollte sagen, was es betrübt, und alle sagten danach „Amen". Katharina duldete aber nicht, daß nur geklagt und gebeten wurde. Jeder mußte auch einen Dank formulieren, denn das sei wichtig, gerade in Zeiten der Anfechtung. Maruschel durfte nun immer bei ihrer Mutter schlafen. Wenn sich Katharina spätabends zu ihr legte, strich sie dem Kind noch über die Wangen und deckte es gut zu. Sie selbst legte sich still daneben und hoffte, durch ihr Weinen nicht das Kind zu wecken oder zu beunruhigen. Schlaf fand sie nicht. Aber die Erinnerungen fanden zu Katharina. Die Zeit lief einundzwanzig Jahre zurück. Sie ging ins Schwarze Kloster, weil Doktor Martinus sie zum ersten Mal gerufen hatte. „Ich habe Euch vermißt", hatte er gesagt. Und danach sprach er nur noch von „uns". Sie waren ein Paar. Und sie hatte das Brautbett gerichtet, auf dem sie jetzt lag. Sie hatte ihr Brautlied gesungen, und Gott war so greifbar nah. Die Liebe zum Evangelium und zu ihrem Mann wurden ihr Lebenssinn.

Jetzt lag die einzige ihrer drei Töchter neben ihr. Bald würde sie kein Kind mehr sein. Und die Jungen trugen alle ihres und ihres Martinus Blut. Sie standen da wie ein Bollwerk gegen Zweifel und Kummer, und das Wort Gottes brannte in allen Städten wie Pechfackeln und reinigendes Feuer.

Katharina fand keinen Schlaf. Sollte sie die Tischgemeinschaften im Haus auflösen? Alle Studenten entlassen? Die Mitte fehlte bei den Tischrunden, denn der Lehrer war tot. Sie würde es tun müssen. Sie würde noch mit Melanchthon darüber sprechen, er wußte so guten Rat. Und sie betete noch einmal mit den Worten ihres Mannes:

Mitten in dem Tod anficht
uns der Hölle Rachen.
Wer will uns aus solcher Not
frei und ledig machen?
Das tust du, Herr, alleine.
Es jammert dein Barmherzigkeit
unsre Klag und großes Leid.

Heiliger Herre Gott,
heiliger starker Gott,
heiliger barmherziger Heiland,
du ewiger Gott:
laß uns nicht verzagen
vor der tiefen Hölle Glut.
Kyrieleison!

Nachts stand Katharina wieder auf, und obwohl es kalt war, weil die Feuer klein gehalten wurden in den Nächten, setzte sie sich an den Tisch und schrieb:

Wittenberg, 2. April, 1546
Meine liebe Schwägerin Christiana von Bora
Gnade und Friede von Gott, dem Vater unseres lieben Herrn Jesus Christus, freundliche liebe Schwester! Daß Ihr ein herzlich Mitleiden mit mir und meinen armen Kindern tragt, glaube ich leichtlich. Denn wer wollte nicht billig betrübt und bekümmert sein um solchen teuren Mann, als mein lieber Herr gewesen ist, der nicht allein einer Stadt oder einem ganzen Land, sondern der ganzen Welt viel gedient hat?
Derhalben bin ich wahrlich so sehr betrübt, daß ich mein großes Herzeleid keinem Menschen sagen kann, und weiß nicht, wie mir zu Sinn und zu Mut ist. Ich kann weder essen noch trinken. Auch dazu nicht schlafen. Und wenn ich hätte ein Fürstentum oder Kaisertum gehabt, sollt mir so Leid nimmermehr geschehen sein, so ich's verloren hätte, als nun unser lieber Herrgott mir, und nicht allein mir, sondern der ganzen Welt, diesen lieben und treuen Mann genommen hat. Wenn ich daran denke, so kann ich vor Leid und Weinen (so Gott wohl weiß) weder reden noch schreiben. Wie ihr leichtlich selbst, liebe Schwester, zu ermessen habt. Damit Gott befohlen!
Katharina, des Herrn Doktor Martinus Luther nachgelassene Wittib.

Katharina legte den Federkiel zur Seite und las noch einmal den Brief durch. Dabei wunderte sie sich, warum sie so warme Füße hatte. Und diese waren dazu noch wie festgeklebt. Sie sah unter den Tisch, und da lag Maruschel zusammengerollt um ihre Beine auf dem blanken Boden und schlief.

Katharina erschrak zutiefst. Hob das zarte Mädchen auf und trug es ins Bett zurück. „Maruschel, du mußt doch im Bett unter der Decke bleiben!" Katharina sprach ernst mit dem Kind. Doch Maruschel erwiderte fest: „Mutter, ich laß Euch nie allein!" „Aber nun schlaf", besänftigte Katharina das Kind. „Erst, wenn Ihr schlaft", beharrte Maruschel und setzte sich aufrecht ins Bett. Katharina gab sich alle Mühe, für Maruschel zu schlafen. Das Mädchen sang ihr noch ein Schlaflied und band ihren Zopf an Mutters Zopf, damit sie nicht aufstehen solle.

Am nächsten Tag kündigte Katharina den Studenten ihre wohnlichen Zellen und löste die Tischgesellschaft auf. Doch es geschah, was sie nicht vermutet hatte: In den kommenden Tagen baten und bettelten die Studenten, doch im Haus bleiben zu dürfen, denn sie wollten bei der Doktorin sein.

Katharina begann wieder gewissenhaft den Haushalt zu führen. In stillen Stunden setzte sie sich hin, rechnete und plante. An ihrer Seite war seit dem Tod Martin Luthers Maruschel. Die noch kleine Hand schob sich unauffällig in die Hand der Mutter. Sie fragte wohl jede Stunde: „Was habt Ihr vor, Mutter?" Oder: „Wie geht es Euch?" Ebenso verhielten sich die Söhne, wie es Katharina nicht kannte. Sie sorgten sich mit der Mutter und begannen zu planen, wie ihre eigene Zukunft aussehen konnte. In Melanchthon, Bugenhagen und vielen anderen Freunden der Reformation hatten sie neue Freunde und Ersatzväter gefunden.

Doch gerade zu der Zeit, als Katharina die ersten Schwalben sah und sich über die ersten trägen Bienen freute, die aus dem Bienenhaus krochen, und sie wußte, daß Gott alles zum Besten werden ließ, kam ein amtlicher Bescheid von den kalten, wortgetreuen Rechtsgelehrten. Noch nie war der Kanzler Brück Luthers wohlgesonnen gewesen. Stets war es ein Kämpfen und Ringen, um einen Garten oder ein Gut zu erwerben. Doch nun ging das Ansinnen Brücks über Katharinas Verständnis.

Zuerst hatte sie die amtliche Mitteilung nur überflogen, weil sie dabei war, alle frischgewaschenen Laken mit der Magd und Maruschel über den Rasen zu breiten, damit die Sonne sie ausbleiche.

„Macht weiter, wie ich es euch gezeigt habe", sagte sie. „Ich werde bald wieder bei euch sein." Maruschel zog mit der freundlichen Magd Barbara die Tücher an Nähten und Rändern gerade, und sie schlugen sie faltenfrei, indem jede zwei Ecken festhielt und sie dann ruckartig schüttelten und zogen. „Wenn sich Bienen auf unsere Laken setzen, haben wir in diesem Jahr viel Glück", belehrte die Magd das Mädchen. „Möchtest du dieses Jahr Glück haben?" fragte Maruschel, und beide wußten, wovon sie sprach. „Daran habe ich aber nicht gedacht", wand sich die nette Frau heraus. Aber Maruschel war in den Gedanken schon weiter. Sie würde Bienen suchen gehen, und wenn es die liebe Frau nicht sah, würde sie welche draufsetzen. Sie würde es bestimmt nicht merken, daß sie nachgeholfen hatte.

Katharina war nach oben gegangen. In der Studierstube ihres Mannes war es noch kühl, aber die Frühlingssonne leuchtete bunt in den Raum hinein. Sie legte das Schreiben auf den Studiertisch. Und sie las, was nicht wahr sein konnte und nicht eintreten durfte.

Der letzte Wille ihres Mannes hatte keine Gültigkeit, da er für Katharina keinen Vormund bestellt hatte. Die Kinder sollten in einen anderen Haushalt zur Erziehung gebracht werden, da sie als Mutter keine strenge Hand habe und die Kinder verwahrlosen würden. Ebenso stehe der Besitz ihres seligen Mannes nicht ihr zur Verfügung, sondern werde bis zur Volljährigkeit der Söhne fremden Verwaltern zur Obhut gegeben. Sie habe das Recht auf Zülsdorf und sämtliche Gärten verloren. Nach geltendem Recht stehe ihr ein Webstuhl und ein Schemel zu.

Katharina hatte im Brief an ihre Schwägerin geschrieben, daß sie lieber ein Fürsten- oder Kaisertum verloren hätte als ihren lieben Mann. Doch nun wußte sie, daß für sie auch die Kinder, die Gärten und Zülsdorf mehr waren als ein Kaiserreich. Sie waren ihre Ehre. Es war das, was ihr in der Ehe geschenkt wurde und wofür sie mit eigenen Händen gearbeitet hatte. Dies war die Grundlage ihres Lebens, und sie war dadurch in der Lage, für ihre Kinder zu sorgen und den Unterhalt zu sichern! Hatte sie es nicht all die Jahre gut getan und dazu noch für andere gesorgt? Nannte er sie nicht seine Herrin, Saumärkterin und Predigerin? Er hatte gewußt, daß sie sich auf Geschäfte verstand. Eine Liebeserklärung an ihre Tatkraft und ihren Verstand war sein Vermächtnis gewesen. Und nun enterbten die Rechtsgelehrten sie. „Oh, Martinus, ich trage nicht nur meine, ich trage nun auch Eure Wut in mir gegenüber diesem gottlosen Juristengesindel!"

Katharina war ohnmächtig gegenüber den Juristen, das wußte sie. Was würde schon die Klage einer Frau oder minderjähriger Kinder nützen? Sie würden nur lachen über ihre Dreistigkeit. Doch sie hatte ihre einflußreichen Freunde, die ihr sicher zur Seite stehen würden. Sie mußte zur Bittstellerin werden. Ja, sie würde alles tun, um die Kinder und ihre Güter zu behalten!

Im Frühling und frühen Sommer verging kein Tag, an dem Katharina außer Haus war und um ihre Kinder und ihren Besitz klagte. Melanchthon war ihr bester Ratgeber, und Katharina bat ihn auch manchmal, ihr Geld zu leihen, wenn sie nicht weiterwußte. Der Kurfürst war ein wunderbarer Helfer und Bewahrer. Er hielt, was er damals in Schmalkalden ihrem kranken Mann versprochen hatte: „Euer Weib soll mein Weib sein, und Eure Kinder meine Kinder." Er focht mit den Juristen und bewirkte, daß Katharina ihre Kinder behalten durfte. Dazu gehörte auch, daß er ihr eine lange, ernste Rede hielt, wie sie die Kinder zu erziehen habe, und prüfte die erleichterte Frau auf Nieren und Gewissen. Er versprach ihr, auch weiterhin den jährlichen Ehrensold zu zahlen. Darüber hinaus gab er Katharina 600 Gulden, damit sie das kleine Gut Wachsdorf bei Wittenberg kaufen konnte. Seit Jahren hatte sich Luther darum bemüht, aber Brück wußte dies immer zu vereiteln.

Katharina schrieb nun Bittbriefe und Dankesbriefe. Sie setzte sich dazu in die Stube ihres Mannes, denn dann wußte sie seine Gedanken, und es war ihr, als ob dann Hilfe und Trost da waren.

Sie hatte alle Wittenberger Gärten bestellt und rang nun noch um Zülsdorf, das Gut ihrer Familie, wo sich nun fremde Leute eingenistet hatten, und dies stellte für ihre Familie einen großen Verlust dar. Katharina wußte, daß ihr der Kurfürst auch in diesem Kampf zur Seite stand.

Doch über aller persönlicher Not wurde auch die politische Lage immer angespannter. Der Friede zwischen den evangelischen Ständen und dem katholischen Kaiser konnte nicht mehr aufrechterhalten werden. So sprach Kaiser Karl V. am 16. Juni 1546 die Kriegserklärung gegen die evangelischen Fürsten und Städte aus. Der Kaiser kam an der Spitze von 8.000 spanischen Reitern. Alle Evangelischen und ihre Familien sollten auf den Scheiterhaufen. Die Evangelischen hofften auf Hilfe aus der Schweiz und vom König von England. Sie zogen in den Krieg. Auch der Kurfürst marschierte mit seinem ganzen Gefolge an die Donau, wo sich die Kämpfe über Wochen hinzogen.

Der Vetter des Kurfürsten, Herzog Moritz, ergriff die Gelegenheit, das Gebiet des Kurfürsten schutzlos daliegen zu sehen. Er ging zur Gegenpartei über, schrieb am 27. Oktober einen Absagebrief an den Kurfürsten und rückte gleichzeitig erbarmungslos in dessen Land ein. Die Dörfer und Städte waren wehrlos.

Wittenberg galt jedoch als eine sichere Festung, in die sich der Herzog nicht wagte. Die Bürger fühlten sich hinter den dicken Mauern sicher. Da sie eine Belagerung mit den vielen Studenten jedoch nicht durchhalten konnten, wurde die Universität aufgelöst. Alle Studenten und Professoren sollten flüchten, darüber hinaus alle Männer und Frauen, die für die Reformation gearbeitet hatten. Dazu gehörte auch Katharina, die an ihrem Platz bleiben wollte. Aber alle redeten auf sie ein, daß der Kaiser in blinder Wut alle Evangelischen abschlachten würde und sie doch fliehen müsse. Es war wie in den Zeiten der Pest, alle fragten sich: „Sollen wir bleiben oder fliehen?"

Am 9. November verließ Katharina mit ihren Kindern Wittenberg. Wolf Seberger blieb im Schwarzen Kloster zurück. Katharina konnte sich inzwischen ganz auf ihn verlassen. Er hatte alle Zuneigung und Treue, die er Luther gegenüber erwiesen hatte, auf seine Herrin übertragen. „Gott segne Euch und behüte Euch. Ich hoffe, vor dem Frühling wieder zurück zu sein", tröstete sie ihren Helfer. Sie konnte auch ihrer Magd vertrauen, die ebenfalls in Wittenberg blieb.

Obwohl auch Hans die Kutsche lenken konnte, ließ Katharina es sich nicht nehmen, selbst das Gespann aus der Stadt zu führen. Die Tage waren trübe, und es war gut, daß es die Zeit des Neumonds war. So hoffte sie, möglichst unbehelligt über die Landstraßen nach Magdeburg reisen zu können.

„Wenn Vater noch hier wäre, hätte er sicher viel Arbeit." In aller Not mußte Katharina über den Ausspruch ihres zwölfjährigen Paul lachen. Sie hatten still auf dem Wagen gesessen; Katharina hielt es nicht für ratsam zu singen, um ihre Angst zu vertreiben. Jede Begegnung auf der Straße war mit großer Angst verbunden. Selbst streunende Hunde oder auffliegende Graugänse hatten etwas Unheimliches, worüber sich niemand mehr freuen konnte. Katharina wollte nur nach Magdeburg, Magdeburg, Magdeburg. Da wären sie endlich sicher. Sie wollte während der Fahrt auch mit niemandem sprechen. Denn traf sie auf Evangelische, so lobten sie ihren Mann, den „Wagenlenker Israels", der jetzt so nötig gebraucht würde. Begegneten ihr Katholische, so beschimpften sie Katharina als Hure, Teufelsweib und Schuldige am ganzen Kriegselend. Und wie es auch war, es trieb ihr die Tränen in die Augen, weil sie ihren Mann selbst so sehr vermißte, und sie hatte auch Angst um sich und die Kinder, wenn Steine gegen die Kutsche geschleudert wurden und sie den Haß spürte, der nur zu schnell ihrer aller Leben ein Ende setzten konnte.

Es war ein Wunder, daß die fünf wohlbehalten in Magdeburg ankamen. Denn fast gleichzeitig rannte Herzog Moritz gegen Wittenberg an. Er konnte die Stadt jedoch nicht einnehmen und belagerte sie wochenlang. In den Weihnachtstagen kehrte endlich der Kurfürst mit seinen Kriegsknechten zurück, und Herzog Moritz zog freiwillig ab. Damit war der Weg nach Wittenberg zwar wieder frei, doch es war für die Familie Luthers noch zu gefährlich heimzukehren.

Katharina war in Magdeburg gut untergekommen. Die Freunde Luthers konnten endlich ihrem Doktor Martinus Dank erweisen, indem sie sich seiner Witwe annahmen.

Doch Katharina war es nicht gewohnt, untätig zu sein. So gestaltete ihre Familie das Weihnachtsfest nach altem Brauch, und alle konnten kommen; so wurde in aller Bedrängnis der Hoffnung Raum geschaffen. Die Kinder atmeten auf, weil sie den Eltern Freude und Hoffnung abspüren konnten.

Der König von Dänemark, der ein Freund der Reformation war, schickte Katharina und Melanchthon erst 150 und dann noch einmal 200 Taler, die sie sich teilen sollten. Im Dankesbrief an ihn schrieb Katharina nicht nur von ihrer Freude über die Unterstützung, sondern sie bat den König, doch auch an den Doktor

Major zu denken. Denn dieser hatte seine Frau verloren, und er hatte zehn Kinder zu versorgen. Martinus habe Major wie einen Sohn geliebt.

Katharina kümmerte sich, als sie in Magdeburg war, um die Kinder Majors und war voll Lob und Dank, als 50 Gulden für die kinderreiche Familie vom dänischen König eintrafen.

Der Religionskrieg wütet weiter, und die Kinder werden groß (1547-1552)

Der Kurfürst hatte nach seiner Rückkehr das Land wieder in Besitz genommen. So konnte Katharina mit ihren Kindern im Januar nach Wittenberg zurückkehren.

Unterwegs sahen sie in der Schneelandschaft abgebrannte Höfe liegen. Sie begegneten bettelnden Menschen, denen sie abgaben, solange sie selbst etwas hatten.

Als sie ins Schwarze Kloster einkehrten, fanden sie alles unversehrt wieder. Wolf Seberger und die Magd Barbara hatten alles in Ordnung gehalten. Das Feuer brannte, die Betten waren frisch bezogen, als ob man sie täglich erwartet hätte. Welch große Freude war es, in das eigene Heim zurückzukehren! Am nächsten Tag wurde ein Fest gefeiert, und abends bat Katharina Hans und Martin darum, Psalmen aus der Bibel zu lesen. Katharina verschenkte an alle Backpflaumen und sparte weder mit Bier noch Wein, wovon im Keller ein knapper Vorrat lagerte.

Doch der Krieg war noch lange nicht vorbei. Als der Kurfürst Anfang April in der Schlacht auf der Lochender Heide verwundet wurde und in Gefangenschaft geriet, wurde Wittenberg von Flüchtenden überflutet.

Katharina war es immer zu eigen, daß sie auch in Krisenzeiten überlegt handeln konnte. Doch wo sie früher die Wirtschaftlichkeit und die Investitionen nie aus den Augen verlor, war es nun, als ob Gott selbst sie anwies, keinen hungern oder frieren zu lassen. Sie sollte jedes Wort der Bibel wörtlich nehmen und sowohl Freunden als auch Feinden von ihrem Reichtum abgeben. Im vergangenen Jahr war es ihr sinnlos erschienen, die Felder zu bestellen, denn was konnte ihr Freude bereiten, wenn nicht Martinus bei ihr war? Aber nun wußte Katharina, warum noch Vorräte da waren und warum sie statt zwanzig Hühnern doppelt so viele im Hühnerstall hatte, und so faßte sie einen Entschluß: Im Jahr zuvor hatte sie unter Tränen um ihren Mann die Felder bestellt und die Schweine gemästet. Warum sollte sie nun nicht mit Freuden alles geben, was sie geerntet hatte?

Sie wies keinen von ihrer Tür, ehe er satt geworden war. Die Söhne wurden beauftragt, den Teich vor dem Elsterntor gut abzufischen, damit sie genug zu essen hatten. Die Studenten waren alle im Januar mit Katharina zurückgekehrt, und so wurde alles benötigt, was da war. Katharina hatte in ihrem neuen Gut Wachsdorf bereits die Frühsaaten ausgelegt und wußte, daß dieses Gold seinen Segen abwerfen würde. Sie besah sich vor dem Elsterntor die Dinkelfelder; der Wein hatte gut ausgeschlagen.

Ehe der Kurfürst in Gefangenschaft geraten war, hatte sie auch Zülsdorf zurückerhalten und diese Flächen mit ihren Söhnen und Maruschel bestellt. – Es war eine stille Fahrt gewesen nach Zülsdorf. Als sie abends nach der Arbeit zusammensaßen, erzählten sie von den Zeiten, als sie noch Kinder waren... Das erste Mal waren sie ohne Hans nach Zülsdorf gefahren. Nun hörte Hans mit Staunen, daß seine Geschwister ihn damals so vermißt und Tölpel seinetwegen in Wittenberg zurückgelassen hatten.

Maruschel begleitete ihre Mutter immer noch auf Schritt und Tritt. Als Katharina Wolf anwies, auch den Zuchteber zu schlachten, fragte Maruschel: „Mutter, warum laßt Ihr den Eber auch noch schlachten, Ihr habt doch immer gesagt, wer einen Zuchteber hat, dem geht der Reichtum nie aus?“

„Setz dich her zu mir, mein Kind“, bat Katharina und zeigte auf den Strohhaufen, der in der Scheune war. Wolf war bereits gegangen, und so wartete Maruschel gespannt darauf, was ihre Mutter sagen würde. Aber die sagte gar nicht viel; sie sprach wie zu sich selbst: „Früher waren für mich die Armen und Kranken die Menschen, für die wir dasein sollten, denen wir helfen sollten. Heute erst verstehe ich das Wort Gottes: Die Menschen sind meine Brüder und Schwestern, meine Mutter, mein Vater. Und wer würde für seine Mutter oder seinen Vater nicht hergeben, was er kann, wenn diese hungern?"

Damit war die Rede beendet. Die Mutter sprach kein Wort davon, wie sie verspottet wurde, wenn sie auf der Straße war. „Sie hat Schuld an dem ganzen Elend", hieß es dann. Und oft spuckten die Menschen sogar vor ihr aus, und manche Evangelische trauten sich nicht, mit ihr zusammen gesehen zu werden.

Die Angst nahm noch zu. Ein gefangener Kurfürst konnte keine Sicherheit mehr bieten. Immer mehr Menschen liefen auf die andere Seite über, und Katharina war sich ihres Lebens nicht mehr sicher. Mit kärglichen Vorräten mußte sie mit ihren Kindern erneut fliehen. Noch einmal bat sie Melanchthon, in Magdeburg ein Quartier für sie zu besorgen. Sie flohen über Dessau und Zerbst. Katharina mußte sich dazu verstecken und durfte nicht erkannt werden. Sie hofften, von niemandem angesprochen zu werden, denn lügen konnte keiner von ihnen.

Die Tage in Magdeburg waren für alle mit Hunger und Angst verbunden. So beschloß Katharina, nach Dänemark weiterzufliehen, denn sie wußte ja um die herzliche Zuwendung des Königs von Dänemark. Doch das Land war voller Kriegsvolk, so daß Katharina noch warten mußte. Später brachen sie auf und kamen bis Gifhorn. „Luther ist schuld am Krieg", hieß es dort. Katharina fand keine Unterkunft und floh zurück nach Braunschweig. Hier fand sie ein Versteck, einen sicheren Unterschlupf für sich und die Kinder. Melanchthon, der ihr immer zur Seite stand, konnte mit seiner Familie zu seinem Freund, dem Bürgermeister von Nordhausen, reisen.

Als die Junisonne brannte und die Kinder sich wünschten, in Zülsdorf im aufgestauten Fluß zu schwimmen, und Katharina an ihre Felder und die Tiere dachte, kam ein Brief aus Wittenberg. Bugenhagen schrieb an die Frau Doktorin, Luthers nachgelassenes Eheweib.

Katharina las. Die Kinder sahen Bestürzung, Hoffnung und Trauer auf dem Gesicht der Mutter, und dann erzählte sie den Kindern: „Der Kurfürst mußte, um sein Leben zu retten, die Stadt Wittenberg seinem Vetter, dem Verräter Moritz, überlassen. Er ist nun der neue Landesherr. Da er jedoch die Huldigung der Bürgerschaft entgegennehmen will, möchte er auch der Universität wieder zum Leben verhelfen und bat alle Lehrer und Professoren, nach Wittenberg zurückzukehren. Bugenhagen will, daß wir wieder heimkehren."

Die Kinder freuten sich. Doch Katharina wußte, daß nun ihr Schutzengel in Ketten lag. Der Kurfürst war Gefangener des Kaisers; in dem Brief stand auch, daß Lucas Cranach aus Treue zu seinem ehemaligen Landesherrn freiwillig dem Kurfürsten in die Gefangenschaft gefolgt war. Ihr guter Meister Cranach, der doch schon so krank war!

Die Kinder wollten aufbrechen, aber Katharina hielt sie zurück.

„Wenn wir nach Wittenberg kommen, werden wir unseren Diener Wolf nicht mehr antreffen." Sie schwieg, und die Kinder sahen die Mutter an.

„Warum?" brach Martin das Schweigen.

Katharina nahm den Brief und las: „Am 14. Juni ist der alte, treue Diener Wolf Seberger gestorben."

Es war Paul, der schlicht sagte: „Dann sollen wir für ihn und uns beten." Und sie falteten die Hände und befahlen Wolfs Seele dem Himmel an.

Welche Heimreise trat Katharina mit ihren Kindern im Juni 1547 an!

Das Land lag in der sommerlichen Hitze da und hatte doch

seine heitere Fruchtbarkeit verloren. Katharina lenkte die Gäule auf der Heimfahrt zu Freunden und fanden statt eines Heimes ausgeplünderte Wohnungen und weinende Kinder vor. Herzog Moritz hatte während des Krieges die Gäule zum Grasen in die Getreidefelder gestellt. So wurde für die meisten Bauern die Ernte vernichtet.

Sie zogen über die Landstraßen, und an den Weggabelungen baumelten sie noch: die Erhängten, die zur Abschreckung der Evangelischen langsam am Strick erstickt waren. Weiter abseits zeugten kleine Hügel davon, daß jemand den Armen den letzten Dienst erwiesen und sie unter die Erde gescharrt hatte.

„Ich möchte alle in die heilige Erde legen, denen wir so begegnen", Martins Stimme war ruhig und fest. ‚Er schlägt nach Martinus', dachte Katharina. Aber sie sagte ihrem Sohn nicht, daß sie sich über ihn freute und sie selbst am liebsten so handeln würde und lieber heute brennen würde für die gute Sache, als weiterhin so viel Leid zu ertragen. „Wir werden alle auf dem Wagen bleiben und an den Kreuzungen nicht anhalten", bestimmte sie. „Wenn wir die Männer und Frauen abnehmen, wird die Meute doch nur die nächsten suchen. Ich dulde es nicht, daß sie Hand an eines unserer lieben Kinder legen. Denkt bei jedem Toten daran, dies ist Christus, der für die rechte Sache und an unsrer Statt gekreuzigt wurde. Und erinnert euch in Dankbarkeit bei jedem Brandfeuer in den Städten, daß die Botschaft Gottes lebt. Und ich befehle euch allen vieren, daß ihr von den Tieren lernt, die sich verkriechen, wenn sie überleben wollen, so wie auch eine Ente ein irdenes Federkleid trägt, damit sie nicht vom Habicht erspäht wird."

„Aber wir wollen doch die Unseren nicht im Stich lassen!" empörte sich Martin.

„Wer uns um Hilfe bittet, den wollen wir nicht abweisen. Aber wir werden uns nicht einmischen. Jetzt werden wir in Wittenberg gebraucht, und die Toten müssen die Toten begraben. Ich verbiete es dir, Martin! Es genügt, wenn dein Herz weiß, auf welcher Seite es steht. Auch euer Vater floh einst vor seinen Verfolgern auf die Wartburg. Und für euch wird einmal die Zeit sein, sich zu verbergen, und dann wird auch die Zeit kommen, das Leben zu riskieren. Und nun dulde ich keine Widerrede mehr. Ich habe genug liebe, fromme Freunde verloren!"

Katharinas Trauer und Wut machten, daß Martin schwieg. Aber Martin entschloß sich in diesem Augenblick, daß er Theologie studieren würde, und dann würde er beweisen können und wissen, was Gott von ihm wollte.

Maruschel spürte die Unruhe, die zwischen der Mutter und den Söhnen lag. „In zwei Tagen werden wir sicher zu Hause sein", versuchte sie die Parteien zu versöhnen. Die letzte Station vor Wittenberg sollte Torgau sein, die Stadt, in der Hans zur Schule ging. Maruschel war sich sicher, daß ihr lieber Bruder Paul einen Ausflug zum Vizekanzler Veit von Warbeck machen würde, denn dessen Tochter Anna und Paul hatten begonnen, sich Briefe zu schreiben und rot zu werden, wenn sie sich trafen.

Maruschel freute sich plötzlich. Sie hüpfte wie ein kleiner Ball auf dem Strohsack herum und dachte an die neuen, richtig weißen Beinlinge, die sie in Wittenberg zurückgelassen hatte. Sie würde sie anziehen, sobald sie zu Hause waren! Sie würde ihre Freundinnen treffen, und auf dem Teich am Saumarkt würden sie wieder kleine Holzschiffchen schwimmen lassen.

Katharina konnte sich nicht überwinden, gleich nach Wittenberg einzufahren. „Wir wollen zuvor bei den Gärten vorbeifahren", verkündete sie den Kindern. Darauf freuten sich alle.

„Die Enten konnten sich am Teich den Sommer über gut selbst versorgen", sagte Martin. „Jetzt sind die Jungen bestimmt schon so groß wie die Eltern."

Und sie erzählten sich von früher, als sie zum Abschied von Hans eine Ente nach ihm tauften. Damals konnten sie die Geschlechter noch nicht unterscheiden, und so hatten sie im Jahr darauf eine Entenmutter mit Namen Hans.

Sie suchten die Gärten und fanden verbrannte Erde. Sie suchten den Teich und fanden nicht einmal eine Pfütze. Die Kriegsleute hatten, um an alle Fische zu kommen, einen Graben ausgehoben und das Wasser abfließen lassen. Vertrocknete Flußmuscheln klebten noch an den Rändern, doch selbst der Tang war bereits vertrocknet, und die kleinen Spinnen huschten über den Boden. Ein paar verschmutzte Entenfedern hingen noch in der Weide. Das war alles, was von der jahrelangen Entenzucht übriggeblieben war.

Katharina wischte sich die Tränen in ihren Rock. Die Söhne erklärten sich bereit, Erde in den Graben zu schütten, damit der Teich wieder zulaufen konnte. Aber sie waren nur zu dritt, und es bräuchte dazu gut zwanzig Mann, wollte man es in einer Woche schaffen.

Im Weinberg waren die Rebstöcke herausgerissen und vertrocknet. Selbst unter den Obstbäumen hatten Feuer gebrannt, und Katharina stellte sich vor, wie Herzog Moritz und sein Gesindel sich an den lebendigen Bäumen die Hände gewärmt hatten.

Das kleine, neu erworbene Gut Wachsdorf war ebenfalls nicht wiederzuerkennen. Die Scheune, die zur Abreise noch voller Heu und trockenem Erbsenkraut war, zeigte sich als schwarzes Brandloch. „Sie vergaßen die Schlehen- und Hagebuttenbüsche zu verbrennen. Maruschel, sie ließen uns tatsächlich noch die Marmelade und den Tee für den Winter."

Nun würden sie nach Wittenberg gehen, und hergebeten wurden sie von dem, der ihnen dies alles angetan hatte! Es war nicht Krieg. Es war nicht Frieden.

Es fehlte nicht nur Wolf, der ihnen in seiner einfachen Art gezeigt hätte, wie er die Geschäfte weitergeführt hatte. Es fehlten alle Schweine, es fehlte an Hausrat, und selbst die Bienen waren aus den zerstörten Kästen entflohen, um sich eine neue Bleibe zu suchen. Von der liebevollen Magd wurde Maruschel gleich auf den Arm gehoben, und sie weinten beide aus Freude, einander wiederzuhaben. Barbara hatte, was noch geblieben war, saubergehalten und sorgte sich schon wieder um die Studenten, die zurückkehrten. Doch sie hatte sich verändert. Katharina und die Kinder merkten, wie sie bei Geräuschen zusammenfuhr. Sie ging auch nicht mehr wie früher in der Mitte des Flures oder geradewegs eine Treppe hoch. Sie hielt sich jetzt immer am Rand und blickte sich oft nach beiden Seiten um.

Am Abend erzählte sie, daß sie gehört hatte, Zülsdorf sei zerstört worden. „Schweine sind die Kriegsleute, auf beiden Seiten. Wenn sie im Krieg sind, sind die Katholischen wie auch die Evangelischen alle gottlose Schweine, in die der Teufel und die Pest fahren sollen." Sie machte eine Pause und sagte dann: „Euch haben sie besonders hart geschädigt, weil sie die Schuld Luther zuschieben. Es wird auch nicht leicht werden." Dann schwieg sie wieder, als ob sie zuviel wüßte.

Katharina sah voller Mitgefühl auf das arme Mädchen. Dann nahm sie ihre Hände, sah in die Runde und sprach: „Diese Magd wird einst im Himmel kein Leid mehr erfahren, und wir wollen daran denken, ihr schon jetzt Gutes zu tun." Und sie neigten die Köpfe, denn Katharina hatte es sich seit dem Tod ihres Mannes angewöhnt, auch für alle zu beten.

Es wurde spät, bis Katharina in ihr Bett stieg. Maruschel schlief schon; ihre Mutter kniete noch drei Stunden lang vor ihrem Bett und betete. Noch nie hatte sie so viele Sorgen und Ängste ihrem Herrgott anbefehlen müssen, und es war, als ob sie direkt in sein Ohr sprach und er ebenfalls sagte: „Du, mein liebes Kind, wirst im Himmel kein Leid mehr erfahren, und es schmerzt mich, deine Not zu sehen."

Ohne die Freundschaft Melanchthons und Bugenhagens wäre Katharina verloren gewesen. Denn als Frau konnte sie keine Prozesse führen.

Doch wie sollte sie nun das Schwarze Kloster weiter führen, ohne Schulden aufzunehmen? Der Marschall Hans Löser machte ihr Zülsdorf streitig, obwohl der Kurfürst ihr vor seiner Gefangenschaft das Gut erneut zugesprochen hatte und alles gesetzlich geregelt worden war.

Katharina empfand es auch als blanken Hohn, als auf alle Güter, die ja zerstört dalagen und um die sie erneut ringen mußte, Kriegssteuern erhoben wurden. Woher sollte sie denn das Geld nehmen, wenn sie keine Ernte einbringen konnte und nicht wußte, woher sie das Essen nehmen sollte?

Melanchthon und Bugenhagen waren Freunde, wie sie eine Frau, die allein ist, dringend brauchte. Sie sahen in ihr immer noch die von Herzen geliebte Frau ihres Freundes Luther, die nun um seinetwillen noch mehr zu leiden hatte als andere Witwen. Melanchthon war ein wortgewandter Mann, der es verstand, mit Juristen zu streiten. Aber der Kurfürst, der Engel Katharinas, war in Gefangenschaft, und sein Reichtum, von dem er seinen treuen Untertanen gerne gab, lag nun in anderen Händen.

Es war ein Glück, daß der letzte Ordensmeister, Herzog Albrecht, sich bereit erklärte, für Hans das Studium zu finanzieren. Hans sollte in Königsberg die Hochschule beziehen und ein Jurastudium aufnehmen. Katharina war darüber erleichtert. Endlich würde ihr eigener Sohn dann auch die Angelegenheiten der Familie weiterführen können. Sie spürte ihre zunehmende Müdigkeit und wollte die Sorgen bald in andere Hände abgeben.

Als Hans 1549 nach Ostpreußen zum Studium aufbrach, war für ihn alles anders als damals, wo er zur Schule nach Torgau mußte. Er hatte von Melanchthon und Jonas ein Empfehlungsschreiben in der Tasche. Er wußte, daß er nun unterstützt und gefördert würde – und er war die einzige Hoffnung für seine Mutter. Bald sollte sie ihrem volljährigen Sohn die Güter zur Verwaltung anvertrauen können. So lange mußte sie noch kämpfen und durchhalten.

Beim Abschied weinte nicht nur Maruschel, die stolz auf ihren Bruder war. Elisabeth Cruciger, die ihrer verstorbenen Mutter sehr ähnlich war, stand auch dabei und gab Hans zum Abschied das schönste Schreibpapier und eine Bibel, deren Einleitungsseiten mit Gold geprägt waren.

Hans saß das erste Mal in heiterer Aufbruchsstimmung in einer Kutsche, die ihn von zu Hause forttrug. Er besah sich während der holperigen Fahrt seine vielen Reichtümer, die ihm mit auf die Reise gegeben wurden. Als er in der neuen Bibel blätterte, wußte er, daß Elisabeth alle Hebel in Bewegung gesetzt hatte, um dieses Kleinod zu erringen. Und sie hatte es ihm wortlos gegeben. Ihre Augen waren rot, als ob sie die Nacht davor durchgeweint hatte. Ob sie irgendeinen Kummer hatte? Er würde ihr schreiben und sie danach fragen.

Katharina hatte sehr wohl bemerkt, wie sich Elisabeth benahm. „Bleib heute bei uns, das tröstet uns in unserem Abschied“, bat sie Elisabeth. „Gerne, und ich möchte Euch dabei zur Hand gehen.“

Elisabeth kam nun immer öfter ins Schwarze Kloster. Sie sah, daß jede Hand gebraucht wurde, und Katharina erzählte von ihrer Freundschaft mit der Mutter Elisabeths und wie sehr sie sich gegenseitig geschätzt hatten. Sie sangen die Lieder der Mutter, und Katharina erzählte ihr, wie sie damals vom Dichten und Singen angesteckt wurde – ja einmal habe sie während der Brautzeit sogar selbst ein Lied gedichtet, das ihr noch gut im Gedächtnis sei.

Das hätte sie Elisabeth und Maruschel nicht erzählen dürfen, denn zusammen mit der lieben Barbara bedrängten sie nun Katharina: „Bitte, bitte, sag uns, wie das ging!“ Katharina ließ sich jedoch nichts entlocken.

Als es schien, als ob der trübe November nicht enden wollte, bemerkte Katharina immer mehr die Verstörtheit der jungen Magd. Barbara zuckte jedes Mal zusammen, wenn ihr unversehens ein Mann zu nahe kam. Dabei waren es Studenten und Freunde! Sie hatte Angst vor Männern, aber Katharina konnte sie deshalb nicht nur in der Küche lassen. Sie sprach offen mit ihr und bat sie, nicht allen, auch nicht vielen Männern ihr Vertrauen zu schenken. Aber ob sie einem, einem einzigen Mann ihr Vertrauen schenken könne?

„Einmal habe ich einem Mann mein Vertrauen geschenkt, und ich habe es nie bereut. Du weißt, wen ich meine?“ fragte Katharina.

„Nein, ich weiß es nicht“, antwortete sie verblüfft.

„Morgen wirst du es wissen“, entgegnete Katharina.

Am Abend setzte sie sich hin und schrieb einen Brief an ihre Magd Barbara, die nur drei Türen weiter schlief:

Ich verdanke es allein Gottes großer Güte, daß ich nicht im Kloster blieb, sondern einen Mann heiraten mußte, dem inzwischen niemand mehr Vertrauen schenkt, weil er ein wahrlich unerlöster Mensch war und blieb.
Gott gab mich einem Mann, der die Welt veränderte, und ich konnte teilhaben an dem großen Werk.
Und nun das von euch lieben Mädchen erbetene Lied einer damals jungen Frau:

Katharinas Brautlied

Nun tragen wir die Ringe
ach, liebe Seele, singe
bei Tag und auch bei Nacht
Gott hat es wohl geführet
das Herz in uns berühret
und alles, alles wohlbedacht

Wie waren unsre Ohren
einst taub – für Lieb verloren
und auch der Mund blieb stumm
Gott dachte an die Seinen
er hörte dieses Weinen
und drehte unsre Herzen um

Für immer will ich bleiben
und mich dir ganz verschreiben
wie du dich gibst mir hin
Leg mich an deine Seite
und wenn es sein muß, streite
mit mir und meinem Sinn

Nun tragen wir die Ringe
ach, liebe Seele, singe
bei Tag und auch bei Nacht
Und wie dies Gold hell glitzert
so alles an mir zwitschert
so stark, so lieb, so sacht

Barbara zeigte die Zeilen Elisabeth und Maruschel. Elisabeth hatte die Idee, es am Nikolaustag Frau Doktor Luther vorzusingen. Und so übten die Mädchen und überraschten alle, die an der Tischgemeinschaft dabei waren. Katharina nutzte die Gelegenheit, darauf hinzuweisen, daß sie nun alt sei und es Aufgabe der Jungen sei, Gott in der Ehe zu dienen. Sie hob ihre Hände hoch: „Seht ihr die Schwielen und Knoten? Nun ist es an euch, Gottes Werk zu tun, denn meine Kräfte lassen nach, und Gott weiß, daß ich mich nach dem Himmel sehne."

Die Mädchen hatten Katharina eine Freude machen wollen, und nun war sie so ernst geworden. Aber Katharina bedankte sich bei den Mädchen und sagte, daß sie ihr eine große Freude bereitet hätten.

Nicht nur die Hände waren an den Gelenken geschwollen. Auch die Beine Katharinas füllten sich in dem Sommer mit Wasser, so daß sie schon am Nachmittag ihre Schuhe abstreifen mußte und in Wolfs Pantoffeln schlüpfte. Das sah niemand unter den vielen Röcken. Aber ihr Gang wurde schwerfällig, und sie lehnte sich, während sie stand, an Möbel oder Wände.

Katharina verstand ihre Beine nicht. Schon zur Mittagszeit war es, als ob sie sagen würden: „Wir wollen nicht mehr stehen und erst recht nicht mehr laufen." Sie stand und ging aber trotzdem! Und wenn ihre Finger sich nicht mehr von alleine geradebiegen wollten, nachdem sie etwas gehalten hatte, so half sie mit der anderen Hand nach.

Der Winter verging. Ein Sommer kam. Es folgte der Herbst, und dann legte sich wieder der Schnee über die Straßen und Häuser, in denen viel Not war. Aber wenigstens die Pest und die Türken blieben fern. Zum neuen Jahr kam ein neuer Tischgenosse zu Katharina. Er kam aus Ostpreußen und brachte Briefe von Hans mit, denn sie hatten sich in Königsberg kennengelernt. Es war der Edelmann Georg von Kunheim, der nun in Wittenberg studierte und im Schwarzen Kloster wohnte.

Katharina kannte keinen anderen Studenten, der ihm an guten Manieren ebenbürtig war. Vom ersten Tag an sah Katharina, wie liebevoll er mit Maruschel umging. Er half ihr beim Tragen und zeigte ihr, was er in der Universität aufgeschrieben hatte. Maruschel war sechzehn und der Augapfel Katharinas geworden. Sie sollte es einmal gut haben, denn was hätte Katharina ohne die Hilfe Maruschels getan? Sie stand ihr Tag und Nacht zur Seite und hatte still die Oberaufsicht für die Küche und die Bewirtung übernommen.

Georg und Maruschel waren jung, und doch wurde es mit jedem Tag mehr eine große Liebe. Wie das liebe Ehepaar Zell waren sie nun oft anzutreffen, indem sie über Papieren saßen oder sich an den Händen hielten.

Katharina war glücklich, denn bald würde Maruschel dann, wie es ihrem Stand entsprach, eine Gutsfrau werden und seinem Hause vorstehen.

Katharina brauchte auch im Sommer Maruschels Hilfe, um lesen zu können, denn die Buchstaben begannen für Katharina auf den Blättern zu verschwimmen. Zudem standen die Worte erst normal mit Tinte geschrieben da, doch bald schimmerten sie in Regenbogenfarben auf dem Papier.

Katharina hatte seit dem letzten Winter auch Schmerzen in den Knien. Erst stach es beim Auftreten in den Kniekehlen, dann konnte sie die Treppen abwärts nur noch in kleinen Schritten gehen. Katharina wußte auch, daß ihre Tochter bald Georg heiraten würde und sie somit verlassen müßte. Aber sie wußte, von woher neue Hilfe kommen würde. Sie würde ihren Ältesten Hans bitten, nach Hause zu kommen. Er war inzwischen ein erwachsener Mann und könnte ihr beim Schriftverkehr mit den Ämtern behilflich sein. Katharina bat Melanchthon, mit den Professoren der Universität zu verhandeln, damit es möglich würde, Hans in Wittenberg zu haben. Noch während Katharina darüber nachsann, wie sie es anstellte, daß ihr Sohn in Wittenberg einen Abschluß erreichen konnte, erhielt er von ganz anderer Hand Post mit der Bitte, nach Wittenberg zu kommen:

An den werten Johannes Luther, Wittenberg 1521
Sehr verehrter Hans zu Königsberg. Heute zogen die ersten Kraniche mit ihren dumpfen Rufen über Wittenberg. Mich dünkt, sie flogen im Schwarm wie ein großer Pfeil am Himmel entlang. Es erinnerte mich daran, wie wir als Kinder alle ins Freie rannten und mit den Tieren um die Wette liefen. Ihr seid damals ein Stück des Weges gerannt und wolltet ebenso schnell laufen, wie die Kraniche flogen. Hernach waren Eure Schuhe und Strümpfe voller Schlamm, da es Euch nicht gelang, wie ein Vogel darüberzugleiten. Dabei haßtet Ihr es doch, Euch schmutzig zu machen.

Doch verzeiht, ich vergaß, Euch für Euren Brief zu danken, der mich erreichte. Ihr lernt gar viel, und ich trage den Brief bei mir, um nachzulesen, wie es sich mit den neuen Zünften verhält, die Euch so begeistern. Und ich kann mir nicht denken, daß in Königsberg kein Wein wächst.
Wie ich Euch auch in den letzten Briefen berichtete, geht es Eurer Mutter immer schlechter. Sie sagt nie, daß sie Schmerzen habe, aber Maruschel muß ihr doch tüchtig zur Hand gehen, denn sie bedarf der Hilfe beim Steigen und Lesen. Sie hat zwar einige Augengläser ausprobiert, aber diese scheinen nicht zu nützen. Abends reibt sie sich Augen und Stirn, wenn es niemand sieht.
Verzeiht mir, wenn ich Eurer werten Mutter vorgreife, aber mir war, als ob die Kraniche geradewegs von Königsberg nach Wittenberg geflogen kämen und wären nur die Vorboten Eurer Reise.
Eure Mutter wünscht Euch sehnlichst zurück, denn sie bedarf Eurer Hilfe und Eures Rates. Melanchthon soll alles in die Wege leiten, und Ihr werdet gar bald von ihm und Eurer verehrten Mutter Näheres erfahren.
Ich wollte Euch aber sagen, daß ich Euch mit Freude erwarte und Euch zur Hand gehen möchte, soweit Ihr meiner Hilfe bedürft.
Gnad und Friede in Christus, Elisabeth Cruciger zu Wittenberg

Im Spätherbst, als sich die Bäume schon zu färben begannen, kam die Nachricht von Hans, daß er auf dem Weg nach Wittenberg sei. Katharina, Martin, Paul, Maruschel und Elisabeth fuhren ihm entgegen. Die Kutsche wurde nun immer vom Stallknecht gelenkt, der mit Wagen und Tieren gleichermaßen geschickt umzugehen verstand.

Nach gut zwei Stunden fröhlicher Fahrt aus Wittenberg trafen sie auf die Kutsche, mit der Hans reiste. Das war ein Begrüßen! Die Brüder zeigten ihre Freude, indem sie Hans an den Kleidern rissen und johlten. Die Frauen konnten sich nicht so ausgelassen gebärden, standen den Männern jedoch in ihrer Herzlichkeit nicht nach. Hans wurde gleich auf die Familienkutsche geladen, und alle außer Elisabeth bedrängten ihn mit Fragen.

Maruschel sagte auch immer wieder zu Hans: „Du bist ein feiner Herr geworden." Sie sah die andern an und wollte deren Zustimmung. „Mutter, Martin, hab ich nicht recht?"

Sie redeten und lachten, und Katharina fühlte, daß sie nun viele ihrer Sorgen ihrem großen Sohn überlassen konnte.

Doch in solchen Situationen geschieht oft viel mehr. Katharina war sich nun sicher, daß eintreffen würde, worum sie gebetet hatte. Hans und Elisabeth tauschten lange stille Blicke aus. Niemand hatte zuvor darüber geredet oder geschrieben, doch alle wußten, daß es nun eine Hochzeit zu planen galt.

Zwei Jahre hatte es gedauert, bis der Teich am Elsterntor wieder zugelaufen war. Katharina deutete es als ein gutes Zeichen, denn langsam konnte sie ihre Gärten wieder bewirtschaften. Doch ihr fehlte das Geld für neue Bäume und Weinreiser.

Hans war da und mühte sich, damit auf Zülsdorf 400 Gulden aufgenommen werden konnten. Katharina hatte das Gut einmal in fruchtbarem Zustand und als Heim erlebt, das wollte sie so auch wiedergewinnen. Das Haus ihrer Familie sollte ein gepflegter Besitz der Familie Luther sein.

Katharina gingen die Arbeiten zwar nicht mehr so leicht von der Hand, und das Gehen machte ihr nach wie vor Mühe, aber sie hielt noch immer sanft die Zügel und freute sich nun auf das anstehende Fest: die Hochzeit ihres ältesten Sohnes mit der Tochter ihrer lieben verstorbenen Freundin Elisabeth Cruciger. Das Schwarze Kloster verwandelte sich unter dem Schaffen der Frauen in ein wahres Bienenhaus. Es füllte sich jedoch nicht nur mit Honig, sondern auch mit geräuchertem Fisch, Speck, Bier, und täglich kamen neue Geschenke von Freunden dazu.

Katharina freute sich, als ob es ihre eigene Hochzeit sei, und dankte Gott, dem wunderbaren Stifter der Ehe.

Hans hatte nun mit Elisabeth einen eigenen Hausstand gegründet, doch täglich gingen sie ins Schwarze Kloster und ließen es der Mutter gegenüber nicht an Hilfe fehlen.
Bald sollte Katharina auch Maruschels Hochzeit ausrichten können. Georg von Kunheim war nach Hause gereist, um mit seinen Eltern zu besprechen, wann er Hochzeit machen und seine geliebte Frau nach Hause führen könne. Er hatte seinen Eltern zuvor geschrieben und von dem lieblichsten, fleißigsten und geistreichsten Mädchen geschwärmt, das er je getroffen habe und die eine Zierde für die Familie sein würde.

Georg kam nach zwei Wochen wieder zurück; Katharina und Maruschel hatten zuvor zusammen geträumt und geplant, wie es nur zwei glückliche Frauen tun können. Vor allen Dingen sah Maruschel das Glück zwischen Hans und Elisabeth mit eigenen Augen und wußte, daß auch sie bald einen eigenen Herd, Äcker, Mägde, Kinder haben würde.

Die Kinder wurden für Katharina so wichtig wie einst ihr eigenes Leben, als es darauf ankam, einen liebenden, frommen Mann, Ansehen und Wohlstand zu bekommen. Im Glück ihrer Kinder fand sie Trost über ihrem eigenen Schicksal.

Welch herber Schlag war es für Maruschel und alle Freunde, als Georg enttäuscht berichtete: „Nicht nur Vater und Mutter; meine ganze Verwandtschaft ist gegen eine Verbindung mit Maruschel. Sie haben meine Briefe zuvor erhalten, und in ihren Briefen taten sie so, als ob sie sich mit mir freuen würden. Aber sie halten unsere Zuneigung für eine vorübergehende Grillenplage, als ob ich nur ein Zirpen im Bauch habe, das wieder vergehe. Ich legte ihnen dar, daß es nicht so sei, denn Gott hat uns ja zusammengeführt. Nicht wahr, liebe Maruschel?“ Maruschel antwortete nicht. Ihre Stirn war mit feinen Schweißperlen übersät, und wie immer, wenn sie nervös war, hatte sie ihre Hände ineinander verkrampft.

Katharina war aufgestanden, um ihrer Tochter die Hände auf die Schultern zu legen. Dieser Mann war persönlich zurückgekommen, um über die Schwierigkeiten zu sprechen. Er war kein Hieronymus, der sich einfach nicht mehr erklärt hatte.

„Deine Verwandten werden nichts mehr gegen Eure Verbindung vorbringen können, wenn sie erleben, daß Ihr füreinander geschaffen seid und Gott Euch verbinden möchte", versuchte Katharina das junge Paar zu beruhigen. Katharina dachte daran, sich selbst auf den Weg nach Ostpreußen zu machen, um für ihre Tochter einzustehen.

Aber Georg wischte den Trost Katharinas zur Seite und erzählte verbittert weiter: „Es liegt ihnen gar nicht daran, daß sie Sorgen hätten, wir wären nicht gut zueinander. Sie wollen nicht, daß ich eine Bürgerliche heirate!"

„Was heißt hier eine Bürgerliche!" schrie Katharina. „Sie ist die Tochter der Katharina von Bora und zudem noch die vornehme Tochter des großen Martin Luther!" Katharina war außer sich vor Wut. „Gibt es eine größere Ehre, als Gott zu dienen und reinen Herzens durch das Leben zu gehen?" Sie sah Georg vorwurfsvoll an.

„Dasselbe, liebe, ehrenwerte Frau Katharina von Bora und Witwe Luthers, sagte ich auch meinen Eltern. Und ich kann Euch versichern, ich war dabei noch lauter als Ihr, und es reut mich nicht im geringsten, daß ich vor Wut die gesammelten Gläser meiner Mutter zerbrach und meines Vaters geliebten Pfau so lange am Schwanz schleuderte, bis ich diesen in der Hand hatte."

Alle waren still. Katharina traute sich nicht, sich zu schnäuzen. Elisabeth wurde unruhig und sah auf Maruschel. Die stand langsam auf und sagte: „Setzt Euch alle hin. Auch Ihr, Mutter, und Du, Barbara, sollt Euch setzen." ‚Sie ist kein Kind mehr', dachte Barbara. ‚Sie hat zuviel miterlebt, und nun erfährt sie selbst, wie hart das Leben ist.'

Maruschel sah alle an und heftete dann ihren Blick auf Georg. „Was ich jetzt spreche, gilt allein für Georg, der mir lieb und wert ist, wie niemand von Euch ermessen kann. Und doch spreche ich jetzt vor allen, damit Ihr meinen Entschluß hört und Georg von Kunheim weiter achtet und liebt, wie Ihr es zuvor getan habt. Ich danke Georg für seine bisherige Treue und gebe ihn nun doch frei, damit er sich eine Frau suchen kann, die seinem Hause vorstehen kann und seinen Eltern eine Freude ist.“ Sie machte eine Pause und fügte dann hinzu: „So ist es im Leben: wir gewinnen und verlieren, und doch hält uns Gott in seiner Hand. Und eine Frau weiß, daß sie es ertragen wird.“ Maruschel setzte sich wieder hin und meinte wie beiläufig: „Nun laßt Euch das Essen schmecken, damit wir sehen, daß sich die Mühe des Kochens gelohnt hat.“

Keiner mochte sich bewegen, aber ehe auch nur ein paar Herzschläge vergangen waren, ergriff Georg wieder trotzig das Wort: „Liebe Maruschel, Ihr habt Euch das ohne mich so ausgedacht. Ich werde nicht aus Wittenberg und von Eurer Seite gehen, bis ich Euch zur Frau nehmen kann! Das sagte ich auch meiner Verwandtschaft, und so wird es sein!“

Wie viele Varianten des Gesprächs noch in den nächsten Tagen folgten! Katharina war zutiefst in ihrem Stolz verletzt. Sie war keine Bürgerliche, und ihr Mann stand als Geistlicher beim Adel in hohem Ansehen und war der Ratgeber und Tröster von Fürsten und Königen gewesen.

Maruschel und Georg stritten sich bis aufs Blut, bis Maruschel es annehmen konnte, daß Georg um ihretwillen sogar auf sein Erbe verzichten würde. Doch Katharina hatte es sich in den Kopf gesetzt, daß ihre Tochter nur eine ebenbürtige Heirat mit Georg von Kunheim eingehen dürfe. Sie beauftragte Melanchthon, die Verhandlungen mit den Eltern Georgs zu führen.

Leider erlebte Katharina nicht mehr die Hochzeit des Paares, die 1555 endlich in Wittenberg stattfand.

Die letzte Flucht (1552)

Das Jahr 1552 hatte mit einem strengen Winter begonnen, und es ging weiter wie in einem lieblichen Bilderbuch, denn die Kirschen und Apfelbäume blühten wie die Sträuße auf dem Tisch eines Malers. Kein Frost zerstörte den Ansatz der Früchte, und im Juni hingen die Kirschbäume voller roter Kirschen.

Maruschel hatte einen Kirschenkranz für Anna von Warbeck geflochten. Sie wollte der Verlobten ihres Bruders Paul eine Freude machen. Paul war immer noch närrisch, was die Tiere und die Natur anging. Er würde sicher lachen, wenn er Anna so sehen würde. „Es ist ungehörig, die Tochter des Vizekanzlers Veit von Warbeck so zu schmücken", würde ihre Mutter sicher Maruschel schelten. Aber sie würde es durchgehen lassen, da war sich Maruschel sicher.

An solchen Tagen vergaß Katharina ihre Sorgen. Auch ihre Gelenke vergaßen ihre Schmerzen; am Abend faßte sie in der fröhlichen Runde ihre Nachbarn an den Händen und tanzte mit den jungen Leuten im Kreis. Wie gut es ihr Paul mit der lieben Anna getroffen hatte! Sie hatten zwar beide keine Reichtümer, aber die Eltern Annas waren Freunde der Reformation und achteten den Namen Luthers.

Katharina hoffte, in zwei Jahren einen Großteil der neuen Schulden abzahlen zu können. Die Ernte versprach gut zu werden. Leider gab es kaum Knechte, da viele der jungen Männer im Krieg geblieben waren. Einige schmachteten noch in Gefangenschaft, und die Not der Familien war groß. Die Frauen waren es nun, die auch die beschwerlichen Arbeiten verrichten mußten, und die Kinder wurden, wenn überhaupt Milch vorhanden war, mit einem Becher davon im Magen den ganzen Tag über aufs Feld geschickt. Am Abend erst gab es ein kleines Stück Brot, damit sie einschlafen konnten. In ihrem Hunger aßen die Kinder Melanchthons bei der Kirschenernte eines Großbauern so viele Früchte, daß sie vor Durchfall fast starben. Katharina ließ keinen in ihrem Haus hungern. Trotzdem waren die Mahlzeiten kärglich, und sie konnte sich an Zeiten des Überflusses erinnern, als an Festtagen noch kleine Hirsekuchen und Honigplätzchen gebacken wurden.

Wer hatte die neue Pestwelle nach Wittenberg getragen? Waren es die Ratten, Reisende, Kriegsvolk? Es war nicht die lang andauernde Lungenpest, welche die Menschen sonst aufs Krankenlager warf. Innerhalb von zwei Tagen schwollen die Lymphdrüsen am Hals, den Achseln und den Leisten hühnereigroß an. Die Menschen klagten im hohen Fieber über Kopfschmerzen und konnten nicht mehr stehen. Und dann starben sie, noch ehe sie recht begriffen hatten, daß sie selbst an der Reihe waren.

Im Juni machten sich deshalb die Studenten und Professoren auf und flohen nach Torgau.

Katharina wollte, wie auch die Jahre zuvor, in Wittenberg bleiben, die Kranken versorgen und die Ernte nicht gefährden. Sie segnete jeden Morgen ihre Schweine und bat Gott, diese doch zu verschonen und den Teufel lieber in die Ratten und Mäuse fahren zu lassen.

War Katharina in der Stadt unterwegs, wurde sie oft beschimpft, daß mit dem neuen Glauben, den sie angezettelt habe, auch die Pest gekommen sei. Die Menschen nannten sie eine Nonne, die mit dem Teufel verkehrt habe, und sie solle doch auf einem der Feuer, die in der Stadt zum Reinigen der Luft brannten, mitbrennen, damit das Elend ein Ende habe.

Ganz anders sprachen einige Bürger, die im Schwarzen Kloster Zuflucht suchten. Sie priesen Luther als Heiligen und nannten ihn einen Apostel. In seinem Hause mit seiner frommen Witwe könne ihnen kein Unheil geschehen. Katharina überhörte die bösen Worte auf der Straße, aber ihren Mann als Heiligen zu bezeichnen, wollte sie nicht dulden. „Sprecht nicht so abergläubisch daher, daß mein Mann ein Heiliger sei! Es wäre ihm ein Ärgernis, wenn er Euch so reden hörte. Er sagte immer, der Beginn einer Sünde und die Sünde an sich wäre, wenn jemand Gott gleich sein wolle. Nicht vom Hause Luthers kommt Heil, sondern allein von Gott, der seine Güte zu uns Menschen schickt!“ Die so Angesprochenen sagten untereinander, der werte Luther habe ein scharfzüngiges Weib, wenn er noch leben würde, hätte er ihr sicher das Maul gestopft. Doch Katharina scherte sich einen Dreck um solches Geschwätz. Sie mußte zusehen, wie sie nun alle satt bekam, obwohl sie keine zahlenden Studenten mehr im Haus hatte. Sie schrieb Bettelbriefe an alle, von denen sie erhoffte, daß sie ihr Lebensmittel oder Geld zukommen lassen könnten, denn sie hatte nur noch Reismehl, und das Bier hatte sie seit Wochen schon mit Wasser verdünnt. Nun war nichts mehr da: weder Dinkel noch Gerste oder Hopfen war noch im Haus, um neues Bier anzusetzen. Die Freunde Katharinas baten sie händeringend, doch endlich selbst zu fliehen. Denn sei die Krankheit entdeckt, sei man auch schon gestorben.

Katharina wollte von alledem nichts wissen, bis die Pest auch im Schwarzen Kloster Einzug hielt. Sie holte sich Barbara, die geliebte Magd, die für Katharina zur Tochter und für Maruschel zur einzigen Schwester geworden war. Maruschel und Katharina hatten nur einen Tag Zeit, um Barbara noch all das Gute zu sagen, was sie für ihre liebgewordene Magd empfanden. Es schmerzte sie, Barbara auf den Friedhof zu bringen, wo sie mit anderen am Abend begraben wurde.

Katharina machte sich Vorwürfe: Hätte sie Barbara mit den Kindern fortschicken sollen? Wäre Barbara dann noch am Leben? Katharina bat ihre Kinder nun, nach Torgau zu reisen. Doch diese beharrten: „Wir gehen nur mit Euch zusammen. Wir lassen Euch nicht allein im Schwarzen Kloster, wo der Tod nun um sich greift."

Zwei Tage später im September 1552 floh Katharina mit Martin, Paul und Margarete nach Torgau. Sie wußte, daß sie im Hause des Kantors Johann Walther eine Unterkunft finden würden.

Katharina saß neben dem Fuhrknecht, der sie nach Torgau bringen sollte. Maruschel hatte schon Wochen zuvor von Georg Abschied genommen, der, als die Pest ausbrach, nach Hause gereist war. Aber nun selbst aus Wittenberg zu reisen, war wie noch einmal Abschied nehmen. Doch sie wollte sich nicht beklagen. Ihre Brüder hatten es ja auch nicht besser. Und ihre Mutter litt am meisten, denn sie wollte die Ernte einbringen, und nun mußte sie andere Leute beauftragen, die das meiste in die eigenen Taschen stecken würden.

Wie schön das Land dalag! Wie sehr Katharina dieses Land liebte, und sie schaute mit hungrigen Augen um sich – wie damals, als sie aus den engen Klostermauern floh. Auch damals ging die Reise nach Torgau, aber sie hatte es nicht gewußt. In den Jahren hatte sie die Erde bearbeitet, Kinder geboren und gemeinsam mit ihrem Mann Gott gedient. Sie fuhr durch ihre geliebte Heimat, in der sie doch erst vor wenigen Tagen ihre fromme, treue Magd verloren hatte und in der die Pest selbst die Ernte von den Feldern pflücken würde.

Erst war nur ein leises Grollen in der Ferne zu hören. Der Tag war von einer milden Wärme gewesen, und die Pferde wurden bei jeder Rast zu einer Wasserstelle geführt. Katharina war zufrieden mit ihrem Kutscher, der die Tiere nie sich selbst überließ, sondern ihnen mal den Schweiß von den Flanken rieb, dann wieder eine Decke über die Rücken warf, damit sich die Gäule nicht verkühlten.

Der Wetterumschwung erfolgte schneller, als ein Hefeteig zum Gehen braucht. Erst blies ein kühler Wind, der eine Unmenge Wolken mit sich brachte. Dann wurde es dunkel, und ein Sturm erhob sich wie eine große Hand, die die zum Trocknen aufgetürmten Heuhaufen über die Wiesen trieb und die Halme auf die Bäume blies und in den Fluß warf, wo sie fortgetrieben wurden. Der Sturm tobte sich auch an der Wagenplane aus; sie mußten die Plane einrollen, damit der Wind nicht den Wagen umwerfen konnte. Der Kutscher gab den Pferden die Peitsche, auch Katharina trieb die Tiere zur Eile an. Jederzeit konnte ein Platzregen losbrechen, und alle Habe und sie selbst wären naßgeregnet. Die ersten dicken Tropfen fielen schon, als sie weder Hof noch Scheune ausmachen konnten. Der Sturm hatte auch schon große Äste von den Bäumen gerissen. Oft mußten sie anhalten, um das Holz aus dem Weg zu räumen.

Sie waren schon bis auf die Haut durchnäßt und sahen in dem Unwetter nicht weiter als die Pferde, als dicht am Weg eine Mühle stand, bei der sie geradewegs mit dem ganzen Gefährt in die Scheune fahren konnten. Sie waren froh, hier anhalten und sich trocknen zu können. Doch als der Müller hörte, daß sie aus Wittenberg kämen und sie zudem noch das Weib des Ketzers sei, meinte er: „Trollt euch weiter, ihr gottverdammtes, dreckiges Hurengesindel! Wollt ihr uns mit dem Teufel auch noch die Pest ins Haus bringen?“

Katharina dankte Gott, daß der Müller sich nicht traute, ihnen nahe zu kommen und sie eigenhändig hinauszubefördern. Welchen Vorteil nun die Angst vor der Pest bot!

Sie blieben über Nacht in der Scheune. Alle Kleider hatten sie zum Trocknen aufgehängt, und sie schliefen, jeder in einen groben Mehlsack gehüllt, im Stroh. Am nächsten Morgen waren die

Kleider zwar immer noch feucht, aber da half alles nichts. Eine weitere Nacht konnten sie dem Müller nicht zumuten. Und auf den aufgeweichten Straßen konnten sie nur bei Tage reisen. „Paul, leg trockenes Stroh in den Wagen und leg darauf auch noch vier trockene Säcke vom Müller“, wies Katharina ihren Sohn an. „Ich will ihm unser Nachtlager gut vergelten.“ Und sie legte einen metallenen Becher auf den Holztisch neben dem Korntrichter.

„Verdient hat es der Heide wahrlich nicht!“ begehrte Martin auf.

„Schweig!“ fuhr ihn Katharina an. „Hast du nicht gelesen, daß uns Gottes Güte zur Umkehr leitet?“

Martin und Paul waren mürrisch. Sie wollten die Mutter nicht verstehen. Sie hatten für den Müller schon genug getan. Denn die Regenmassen hatten sich am Abend zuvor gesammelt und waren wie ein Bach durch die Scheune geflossen. Und die Jungen hatten die vollen Säcke höher gewuchtet, damit das Getreide trocken blieb. Und nicht die kleinste Handvoll hatten sie sich genommen, dabei hatten sie sich schon so lange nicht mehr richtig satt gegessen.

Sie wollten gegen Mittag in Torgau sein. Doch die Kutsche konnte nur langsam in der Mitte der matschigen Wege fahren. Wenn ein Gefährt entgegenkam, mußten sie manchmal absteigen und die Pferde durch Zureden und laute Befehle zum Rückwärtsgehen anleiten, bis sie eine feste Stelle erreichten, an der die Kutschen einander passieren konnten. Es war schon dämmrig, als sie Torgau sahen.

Katharina wunderte sich, daß auf den Straßen und an den Rändern so viele Menschen und Gespanne waren. Doch bald erfuhren sie, warum: Alle wollten nach Torgau, um vor der Pest sicher zu sein; da die Krankheit jedoch auch unter ihnen bereits ihre Opfer forderte, wurde das Tor nicht mehr geöffnet.

Katharina sagte zum Wagenlenker: „Wir werden erwartet, sieh zu, wie wir in die Stadt kommen können." Sie umrundeten auf Seitenwegen die Stadt und entschlossen sich, das Osttor zu nehmen. Dort waren zwar ebenfalls viele Wagen vor Torgau, aber sie würden daran wohl vorbeikommen. Der Wagenlenker trieb die Pferde an, dicht neben den stehenden Wagen vorbeizuziehen. Wenn ihm jemand in den Weg lief, drohte er mit der Peitsche und knallte mit dem scharfen Riemen an den Störenfrieden vorbei. Sie hatten es bald geschafft, nur noch drei Kutschen, und sie konnten auf der Brücke vor dem Tor halten.

Doch da schoß ein Hund, so groß, wie Katharina noch keinen gesehen hatte, unter einem Wagen hervor und biß einen ihrer Gäule in den Hals. Der wich nach links aus und drückte das Gespann weit über den Wegesrand zum Wassergraben hin. Katharina fühlte schon, wie sich der Wagen neigte, und Maruschel schrie im Wageninnern. Katharina sprang vom Bock und rief noch zum Fuhrmann: „Halt sie kurz!"

Das linke Pferd fand keinen richtigen Halt mehr unter den Hufen und trappelte vergebens gegen den rutschenden Untergrund an. Katharina watete mit ihren langen Röcken durch den Graben nach vorne und zog den Gaul am Halfter auf die Straße zurück. Sie war erleichtert, denn das Werk gelang Stück für Stück. Bald standen die Tiere und schnaubten in ihrer Aufregung. Katharina blickte zur Kutsche, und dann sah sie, wie sich ganz langsam der Wagen neigte, um in den Graben zu rutschen. Sie hangelte sich am Pferdegeschirr entlang zurück. Sie mußte in den Wassergraben, um sich von der anderen Seite aus gegen den Wagen stemmen zu können. Margarete, Martin und Paul waren inzwischen auch vom Wagen gestiegen und zogen von der Straßenseite die Kutsche zurück. Katharina stieg so weit ins kalte Wasser, daß es ihr bis zur Brust reichte. Gerade noch rechtzeitig stemmte sie sich gegen die schräge Wagenplane, die ihr entgegenkam. ‚Lange kann ich es nicht halten', sagte ihr der Verstand. Und dann, ohne daß sie sich bewegte, sank sie mit den

Beinen immer tiefer in den kalten Schlamm. Der Wagen neigte sich und fiel laut krachend in den Graben. ‚Als ob ein ganzes Haus einstürzt!‘ dachte Katharina. Dann sah sie über sich Wasser und Sterne.

Von weit her hörte Katharina „Mutter, Mutter!“ rufen. Jemand zerrte an ihr, zog sie sogar bei den Haaren.

„Hol Luft!“ schrie jemand. „Schnauf, los, schnauf!“ Katharina erkannte die Stimme ihres Fuhrmanns. „Schnauf endlich! Weib, schnauf!“

Sie hatte wohl zu lange damit gewartet, denn er holte weit aus und schlug ihr mit aller Wucht ins Gesicht. Mit dem Schlag fuhr Katharina ein Schmerz durch den Unterleib bis ins Gehirn, und sie hörte sich brüllen wie eine Kuh beim Kalben und konnte doch nicht aufhören. Der Fuhrmann holte ein zweites Mal aus, und Katharina wimmerte leise weiter.

Sie erinnerte sich nur an den Schmerz. Nicht daran, daß es drei Stunden gedauert haben sollte, bis sie den Wagen von ihrer gebrochenen Hüfte gezogen hatten. Die Stadttore hatten sich geöffnet, und es war Leonard Koppe, der Katharina mit Hilfe der Männer auf einen anderen Wagen mit trockenem Stroh legte. Maruschel hielt mit einer Hand den Kopf der Mutter, die andere Hand hatte sie auf deren Oberkörper gelegt, um das Rütteln des Wagens aufzufangen. Koppe fuhr direkt zum Kantor Johann Walther, denn seine Familie hatte Katharina schon erwartet und sich gesorgt.

„Laßt mich liegen!“ herrschte Katharina alle an, die sie vom Wagen heben wollten. „In Gottes Namen, laßt mich liegen. Selbst wenn der Wagen mein Totenbett wird.“ Doch als zwei Ärzte eintrafen und befahlen, ein Brett zu holen und darauf Katharina ins Haus zu tragen, mußte sie einwilligen. Maruschel streifte der Mutter die nassen Kleider vom Leib. Sie war kein Arzt und sah doch, daß eine Hüftschale nicht mehr an der Seite saß, sondern vorn im Bauch lag.

„Wir können nicht viel tun, damit Ihr gehen könnt. Aber wir können die Hüfte zur Seite schieben, damit Ihr nicht mehr solche Schmerzen habt.“ Katharina wurde nicht gefragt. Zwei Becher Branntwein hatte sie noch nie getrunken. Und es stimmte tatsächlich, daß man dann alles verschwommen sah und die Zunge nicht mehr gehorchen konnte. Als die Männer Katharina mit stählernem Griff und der Kraft ihrer Schultern zurechtschoben, wurde ihr übel, und sie lag zwei Tage lang im Dämmerlicht.

Sie stand nicht wieder auf. Nicht einmal die Zehen konnte sie bewegen, selbst wenn sie darauf sah und ihnen laute Befehle gab. Sie lag still, ganz still, um die Messer in ihrem Bauch nicht zu wecken. Aber der schlimme Husten, der vom kalten Wasser gekommen war, wurde zum Folterknecht, der Katharina immer wieder zum Weinen brachte. Am Abend brachte Maruschel ihrer Mutter stets zwei Becher Wein, damit sie gut schliefe; Katharina aber ließ immer einen halben Becher übrig und nötigte Maruschel, auch zu trinken, denn sie habe schon Ringe um den Augen vor lauter Sorgen.

Sorgen – wem konnte Katharina ihre Sorgen nennen? Wie würde die Sache mit Maruschel und Georg ausgehen? Was sollte aus den Buben werden? Die Frau des Kantors konnte Katharina in die Seele schauen und sprach mit ihrem Mann. Für ihn war selbstverständlich, daß die Jungen in Torgau die Lateinschule besuchen sollten. „Und um Maruschel werden wir uns kümmern, daß es zu ihrem Besten sein soll.“ Katharina hatte in ihrem Leben viele Menschen kennengelernt. Sie wußte, daß sie den frommen Walthers vertrauen konnte. Vielleicht würden bald sie die Eltern ihrer verwaisten Kinder sein.

Maruschel war achtzehn Jahre alt und pflegte ihre Mutter mit großer Sorgfalt. Doch nicht nur Maruschel war es, die trösten konnte. Auch Katharina versuchte ihrer Tochter Mut zu machen, vor allen Dingen sollte sie die Hoffnung auf eine standesgemäße Hochzeit mit Georg nicht aufgeben.

„Weißt du, liebe Maruschel, als ich damals aus dem Kloster floh und es keinem recht machen konnte, da hielt ich mich an einen Vers, der im Alten Testament steht. Da heißt es: ‚Wie sollte dich denn jemand achten, wenn du deine Ehre nicht selbst hoch hältst?' Weißt du, was damit gemeint ist?"

„Ich weiß nicht recht, Mutter, aber ich glaube, Ihr habt Euch nicht irremachen lassen von den Hunden auf der Straße."

Katharina lachte: „Es ist nicht schwer, den Mäulern der Straße etwas entgegenzuhalten. Schwerer ist es, sich dem Willen derer nicht zu beugen, die wir am liebsten haben, und sich von den eigenen Zweifeln nicht irremachen zu lassen."

Katharina war ihrer Tochter dankbar, daß sie ihr zuhörte, wenn sie von ganz früher erzählte, als sie Kind war und wie sie im Kloster lebte. Oft sagte sie, wie schön es sei, eine Tochter zu haben, die sich so um die Mutter sorgt. „Deine Liebe zu mir, liebe Maruschel, ist meine Ehre vor den Menschen und die barmherzige Güte Gottes, die mich auch auf dem Totenbett nicht verläßt."

Es fiel Maruschel leicht, bei ihrer Mutter zu sitzen, kamen doch immer viele Menschen, die sie besuchten und mit denen sie sich unterhalten konnte. In der Nacht, wenn Katharina nicht schlafen konnte, beteten sie zusammen Katharinas Lieblingsverse:

Denn ich bin gewiß,
daß weder Tod noch Leben,
weder Engel noch Fürstentümer noch Gewalten,
weder Gegenwärtiges noch Zukünftiges,
weder Hohes noch Tiefes
noch keine andere Kreatur
kann uns scheiden von der Liebe Gottes,
die in Christus Jesus ist,
unserem Herrn.
(Römer 8, 38+39)

Katharina wurde im Dezember, als es auf Weihnachten zuging, immer heiterer. Sie gestand ihren Kindern, daß sie am Tag von Jesu Geburt doch gerne im Himmel wäre, denn sie würde eines in ihrem Leben gerne anders gemacht haben. „Was, Mutter, hättet Ihr gerne anders gemacht?" fragte Maruschel.

Und Katharina erklärte ihrer Tochter: „Ich weiß jetzt, daß ich dann wahrlich glücklich war, wenn ich mich nahe an Gott fühlte. Egal, was ich dabei tat, ob ich arbeitete, betete oder stritt. Es kommt auch nicht darauf an, ob man im Kloster ist, in einem Herrenhaus oder auf dem Sterbebett. Gott nahe sein ist wichtig. Und ich wollte nicht nur wie die kranke Frau im Evangelium Jesu Kleid berühren. Nein, eine Klette vom Wegesrand wollte ich sein, die sich in seinen Mantel festgekrallt hat!"

Katharina spürte, daß ihre Zeit zu Ende ging. Schon seit Tagen waren ihre Hände und Füße kalt, obwohl Maruschel warme Steine ins Bett gelegt hatte. Sie rief die Kinder zu sich und bat Johann Walther um ein Segensgebet.

„Er hatte recht", sagte Katharina, „Martinus Luther hatte recht, als er über den Torbogen unserer Eingangstür schreiben ließ: ‚Vivit – er lebt'." Danach schlief sie ein.

Die Kinder und die Familie Walther gingen leise aus dem Zimmer. Wenige Stunden später sah Maruschel nach ihrer Mutter. Sie lag so glücklich in ihrem Bett, als ob sie einen Scherz vorhätte. Maruschel fragte: „Mutter, wie geht es dir?" Doch sie erhielt darauf keine Antwort. Auch nicht, als sie bettelte und schrie und die andern kamen und Kerzen anzündeten.

Ausklang (1552-1999)

Am 20. Dezember 1552 starb Katharina von Bora dreiundfünfzigjährig in Torgau. Ein langer Trauerzug von Studenten, Professoren und Bürgern Torgaus schloß sich ihren Kindern auf dem Gang in die Stadtkirche an.

Der Sarg wurde unter der Kanzel abgestellt, auf der ihr Mann so oft gepredigt hatte. Im Leichenprogramm hieß es ehrlich:

Mit ihren verwaisten Kindern mußte die als Witwe schon schwer Belastete unter den größten Gefahren umherirren wie eine Verbannte; großen Undank hat sie von vielen erfahren, und von denen sie wegen der ungeheuren öffentlichen Verdienste um die Kirche Wohltaten erhoffte, ist sie oft schändlich getäuscht worden.

In der Abseite der Kirche, in der sie nach der Flucht aus dem Kloster die Osterpredigt Zwillings hörte und neben Lonata und Ave gekniet hatte, wurden die Steine aus dem Boden genommen und ihr Grab wurde dort eingerichtet.

*　　　*　　　*

Nun bin ich nach all den Jahren selbst in Torgau und betrete die weißgestrichene, helle Kirche. Zu beiden Seiten gibt es eine doppelte Empore, und die hohe Decke wird von rotgestrichenen Bögen gehalten.

Ich suche das Grab, wie es mir beschrieben wurde: gegenüber der Fürstengruft...

Da ist die Grabplatte. Die Kinder ließen sie hauen. Sie zeigt Katharina von Bora in einem weiten Mantel und mit einem Gesangbuch in den Händen. Über der rechten Schulter steht das Wappen derer von Bora, über der linken Schulter das Wappen Luthers. Ich entziffere die Schrift um den Stein:

„Anno 1552, den 20. Dezember: Ist in Gott selig entschlafen allhier zu Torgau Herrn D. Martini Luthers seligen Hinterlassene wittbe Katharina."

Ich habe einen Strauß gebunden aus allen Blumen, die ich in meinem Garten finden konnte. Ich danke Katharina von Bora, ich danke Gott und lege die Blumen auf das Grab.

Zeittafel

29. Januar. 1499	Katharina wird in das ehrbare, verarmte Rittergeschlecht von Bora geboren. Ihre Mutter stirbt nach der Geburt und hinterläßt drei Söhne und Katharina.
1505	Katharina wird von ihrem Vater nach Brehna in die Klosterschule gebracht. Sie sieht ihn das letzte Mal. Er heiratet erneut.
1509	Sie geht in das Zisterzienserkloster Marienthron nach Nimbsch. Dort legt sie 1515 das Gelübde ab und wird Nonne.
5. April 1523	Katharina flieht mit acht weiteren Nonnen in der Osternacht aus dem Kloster.
13. Juni 1525	Katharina und Martin Luther verloben sich und schließen am 27. Juni den öffentlichen Kirchgang und die Hochzeitsfeier an.
7. Juni 1526	Johannes (Hans) Luther wird geboren.
1527	Die Pest bricht in Wittenberg aus.
10. Dezember 1527	Elisabeth Luther wird geboren.
3. August 1528	Elisabeth stirbt.

4. Mai 1529	Magdalene (Lenchen) Luther wird geboren.
9. November 1531	Martin Luther wird geboren.
28. Januar 1533	Paul Luther wird geboren.
17. Dezember 1534	Margarete (Maruschel) Luther wird geboren.
1537	Der Gesundheitszustand Luthers ist zeitweise belastend. Im Schwarzen Kloster ist neben den vielen Gästen, Studenten und Pflegekindern auch die psychisch kranke Kurfürstin zu pflegen. Die Arbeitslast ist groß.
1539	Es bricht wieder die Pest aus. Luthers nehmen noch vier weitere Waisenkinder auf.
1540	Katharina ist nach einer Fehlgeburt längere Zeit schwerkrank. Luther kauft ihr nach der Genesung das Gut Zülsdorf bei Lippendorf. Damit besitzt sie ein Stück Land ihrer Herkunftsfamilie. Im Gegenzug läßt sie für Luther ein großes Sandsteinportal für das Schwarze Kloster bauen.
20. September 1542	Lenchen stirbt mit dreizehn Jahren.
1546	Im Januar reist Luther mit seinen Söhnen nach Eisleben, um einen Streit zu schlichten. Er stirbt dort am 18. Februar. Die letzten Briefe an seine Frau sind erhalten. Die Juristen erkennen das Testament Luthers nicht an und wollen Katharina den Besitz und die Kinder nehmen.

November 1546 Der Religionskrieg bricht aus. Katharina flieht mit den Kindern nach Magdeburg.

April 1547 Sie flieht erneut vor den kaiserlichen Truppen nach Braunschweig. Als sie im Juni zurückkehrt, sind alle ihre Äcker, der Teich und die Gärten verwüstet.

1549-1551 Hans studiert in Königsberg Jura. Auf Wunsch seiner Mutter kehrt er nach Wittenberg zurück. Er heiratet später die Tochter von Katharinas verstorbener Freundin Elisabeth Cruciger.

1552 Im Sommer bricht erneut die Pest aus. Katharina bleibt erst, wie die Male zuvor, in Wittenberg und pflegt die Kranken. Als sich jedoch im eigenen Haus die Todesfälle häufen, flieht sie mit den Kindern im September nach Torgau. Kurz vor Torgau rutscht die Kutsche in einen Wassergraben und zertrümmert Katharinas Hüfte. Ihre Tochter Maruschel pflegt sie.

20. Dezember 1552 Katharina stirbt in Torgau und wird in der Marienkirche beigesetzt.

Quellen und Leseanregungen

Bornkamm, Karin (Hrsg.), „Martin Luther – Briefe", Band 6, Frankfurt 1995

Brecht, Martin (Hrsg.), „Martin Luther", Band 4, Stuttgart 1986

Herrmann, Bernd (Hrsg.), „Mensch und Umwelt im Mittelalter", Stuttgart 1986

Klepper, Jochen, „Die Flucht der Katharina von Bora", Aus Tagebuchaufzeichnungen und Manuskripten (Hrsg.: Pagel, Karl), Stuttgart 1951

Kühnel, Harry (Hrsg.), „Alltag im Spätmittelalter", Graz-Wien-Köln 1984

Schmidt-König, Fritz, „Käthe Luther", Lahr-Dinglingen 6. Aufl. 1983

Kleiner Dank

Mein aufrichtiger Dank gilt meinem Schriftstellerfreund Albrecht Gralle, der von Anfang an davon überzeugt war, daß mir der Roman gut gelingt. Ebenso danke ich Alfred Müller-Popkes für seine Unterstützung bei der Grammatik. Eine große Hilfe war mir auch mein Lektor Paul Jacobs, der nicht lockerließ, bis ich meinen leicht lesbaren Stil fand.

Allen Sympathisanten danke ich für ihr Interesse und die Fröhlichkeit, mit der sie mich begleiteten. Und zuletzt – und vor allen Dingen – danke ich meiner Familie, daß sie mich auch schreibend meinen Weg gehen läßt.

Eleonore Dehnerdt

Die Autorin:

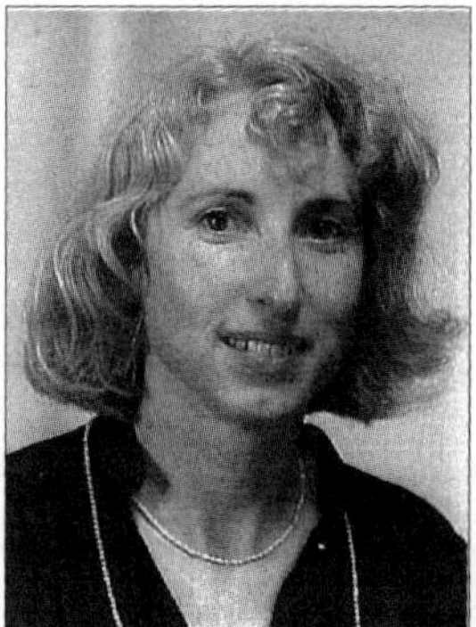

Eleonore Dehnerdt, geb. 1956 in Urbach (Süddeutschland) als achtes von neun Kindern, lebt seit 1971 in Northeim (Niedersachsen) und hat drei erwachsene Söhne. Als Dipl.-Sozialpädagogin arbeitet sie in der Erwachsenenbildung, mit psychisch kranken Erwachsenen und in der Therapie mit Kindern; seit 1992 ist sie darüber hinaus auch schriftstellerisch tätig (Kurzgeschichten und Lyrik).

„Frauen des Glaubens“
im Aussaat Verlag

Der «Engel von Newgate»

Dietmar Kruczek

Der «Engel von Newgate»

Das Leben der Elizabeth Fry

Roman
Reihe «Frauen des Glaubens»
Taschenbuch; 160 Seiten
ISBN 3-7615-4924-5
Bestellnummer 154 924

England im Ausgang des 18. Jahrhunderts «Elizabeth wird einst der Blinden Licht, der Tauben Ohr und der Lahmen Fuß sein», so lautet die Weissagung einer alten Frau an der Wiege des Neugeborenen.
Behütet wächst das Kind auf dem Landsitz des reichen Bankiers Gurney auf.
Mit dem reichen Bankier Fry verheiratet und in London lebend, besucht Elizabeth das berüchtigte Gefängnis Newgate.
Unter dem Eindruck des Erlebten beschließt sie, all ihre Kräfte einer Reform des Gefängniswesens zu widmen – eine schier unlösbare Aufgabe angesichts der starren Männergesellschaft im damaligen England.
Trotz vieler Mißerfolge gelingt es ihr, insbesondere im Frauenvollzug, Erleichterungen in der Haft und bei der Resozialisierung der Entlassenen zu erkämpfen. Ein von ihr verfaßtes Buch über ihre Gefängnisreformen findet weltweite Beachtung. Da stellen sich die ersten gesundheitlichen Schäden ein. Die Familie – inzwischen auf elf Kinder angewachsen – verlangt ihr Recht ...
Elizabeth Frys Mut zum Handeln, zur praktischen Tat und ihre aufrechte Art in Fragen des Glaubens sind heute mehr denn je gefragt.

Ich sehe mit der Seele

Dietmar Kruczek

Ich sehe mit der Seele

Das Leben der Helen Keller

Roman
Reihe «Frauen des Glaubens»
Taschenbuch; 160 Seiten
ISBN 3-7615-5004-9
Bestellnummer 155 004

Im Jahre 1880 in Tuscumbia (USA) geboren, erblindet Helen Keller als Kleinkind, wird taub und demzufolge stumm. Körperlich und geistig nahezu verwildert, lehnt sie sich zunächst gegen ihre junge Lehrerin Anne Sullivan auf. Doch bald schon sind sie unzertrennlich, in Boston und New York lernt Helen bei Anne lesen, schreiben und sprechen. Rückschläge lassen die Schülerin oft verzweifeln, doch der Wille zum Leben ist stärker.
Nach einem erfolgreichen Studium erhält sie einen akademischen Grad und glaubt sich am Ziel ihrer ehrgeizigen Wünsche – da gesteht Anne, den Journalisten Macy heiraten zu wollen ...
Zeit ihres Lebens setzt sich Helen Keller weltweit für die Belange der Blinden und Tauben ein. Ihre Vorbildwirkung ist bis heute uneingeschränkt.

Zwischen Liebe und Reformen

Dietmar Kruczek

Zwischen Liebe und Reformen

Das Leben der
Florence Nightingale

Roman
Reihe «Frauen des Glaubens»
Taschenbuch; 160 Seiten
ISBN 3-7615-5058-8
Bestellnummer 155 058

1820 während der Hochzeitsreise in Florenz geboren, wächst die schöne Florence in England auf. Luxus und Langeweile umgeben sie – und dann ist der Wunsch da, ihrem Leben eine entscheidende Wendung zu geben. Doch Mutter Fanny und Schwester Parthe ersticken jeden Versuch Florences, sich zu verwirklichen. Das Leid der Kranken und Armen erschüttert sie, und als im Krim-Krieg Tausende Soldaten verbluten, weiß sie, wo ihr Platz ist. – Unter Nichtachtung ihres eigenen Lebens rettet sie das unzähliger Verwundeter in den Lazaretten von Skutari und Balaklawa. Selbst dem Tode nahe, erlebt sie bei dem Skutari-Arzt Dr. Fischer die Trunksucht als furchtbare Folge des Krieges. Krank und zeitweise ans Bett gefesselt beginnt Florence Nightingale einen scheinbar aussichtslosen Kampf für humanitäre Verbesserung und gegen Dummheit und Beamtenwirtschaft...